내 인생을 바꾸는
좋은 감정 습관

Good habits of
change my life

내 인생을 바꾸는
좋은 감정 습관

초판 인쇄   2021년 4월 7일
초판 발행   2021년 4월 15일

지은이   이지혜
펴낸곳   다른상상
등록번호   제399-2018-000014호
전화   031)840-5964
팩스   031)842-5964
전자우편   darunsangsang@naver.com

ISBN 979-11-90312-32-5 03190

독자 여러분의 책에 관한 아이디어나 원고 투고를 설레는 마음으로 기다리고 있습니다.
이메일로 간단한 개요와 취지, 연락처를 보내주세요. 독자님과 함께 하겠습니다.

내 인생을 바꾸는
좋은 감정 습관

이지혜 지음

다른
상상

내게 주어진 삶은 치열했고, 치열했던 만큼 나는 성장했다. 나 자신의 감정을 들여다보며 끊임없이 공부했다. 더 이상 감정에 끌려다니지 않기 위해 내 감정의 뿌리까지 파헤치며 살폈다. 이제 나는 웬만한 상황에선 쉽게 휘둘리지 않는 마음의 힘을 얻었고, 내면은 그만큼 더 단단해졌다. 그리고 이제는 말할 수 있다. 삶에서 만나는 모든 고통들은 자신을 성장시키는 디딤돌이라고. 이렇게 나는 감정을 정리하면서 삶을 사랑하는 법을 배웠다.

인간은 자율적이고 독립적인 삶을 살 수 있을 때 행복하다. 그러기 위해서는 타인의 판단이나 비난, 타인의 생각과 감정과 행동에 휘둘리지 말아야 한다. 감정을 정리하면 더 홀가분하고 당당하게 자신의 삶을 살아갈 힘이 증폭된다. 정리되지 않은 감정을 끌어안고 인생을 살아간다는 건 가슴에 무거운 돌덩어리들을 주렁주렁 매달고 장거리 달리기를 하는 것과 같다. 그 흔들리는 돌덩어리들이 끊임없이 자신의 가슴을 아프게 할 것이며 달리기를 방해할 것이다.

감정 정리를 할 때 무엇보다 나 자신에게서 출발해야 한다. 나 자신을 사랑해야 감정 정리도 가능하다. 자신에게 없는 것을 누군가에게 나누어 주긴 힘든 법이다. 내가 행복해야 내 가족, 내 이웃, 내 주위의 사람들도 행복할 수 있다. 자신의 행복을 소중히 여기지 않는 사람은 타인의 행복을 소중히 여기지 않는 사람만큼이나 옳지 않다. 자신의 행복을 추구하는 것은 인간 존재의 본능이기 때문이다. 그 본능이 오랜 시간 반복적으로 억압되면, 원망과 분노와 억울함과 희생자의 느낌이 쌓여 간다.

그렇게 쌓인 감정적 찌꺼기들은 자신이 행하는 일 곳곳에 묻어날 것이고, 만나는 인연 모두에게 전해진다. 그렇게 되면 점점 행복과는 거리가 먼 삶을 살게 된다. 만일 지금 내가 이 기로에 서 있다면, 달라진 인생을 살고 싶다면 감정 습관을 바꿔보자. 나를 위한, 나에 의한 감정 습관을 만들어보자.

나는 이 책에서 되도록 내가 직접 체험한 사례를 들려고 노력했다. 강의를 진행해 보면 감정에 대한 이론만 전달하기보다 직접 경험한 사례들을 전달할 때, 듣는 이가 더 쉽게 공감하고 이해하고 자신의 삶에 적용하는 것을 보았기 때문이다. 이론만 전달했을 때는 마치 수학 공식 전부를 완벽하게 외웠는데 막상 시험지를 풀려고 하면, 어떤 공식을 어떤 문제에 대입해야 할지 몰라 결국 공식을 모르는 사람과 같은 결과를 도출하게 된다. 나는 이 책이 독자들에게 자신의 삶 속에서 좀 더 쉽게 대입하고 실천할 수 있는 실용서가 되길 바란다.

　　그리하여 두 다리 쭉 뻗고 울고 싶을 때 혹은 모든 것을 포기하고 주저앉고 싶을 때, 어느 한 문장이라도 가슴속에 내려앉아 다시 살아갈 힘을 낼 수 있는 작은 등불이 될 수 있길 소망해 본다. 그리하여 누군가의 삶을 변화시킬 수 있는 그 소박한 한 걸음이 될 수 있길 바란다.

이지혜

4장 좋은 감정 습관을 위한 내려놓음

5장 행복한 사람들의 7가지 감정 습관

1장

행복을 가르는 결정적 한 가지, 감정 습관

감정 정리가 안 되면
불행이 반복된다

대학을 졸업할 무렵 부모님께서 하시던 사업이 부도가 났다. 그 당시는 1980년대 말, 1990년대 초로 연쇄 부도가 사회적 문제로 크게 대두되던 시기였다. 부모님의 사업체 역시 연결되어 있던 다른 거래처가 부도가 나면서 함께 부도를 맞게 되었다. 사업체 명의가 어머니 이름으로 되어 있었기 때문에 경제사범으로 어머니가 구속되었다. 어머니는 수감 생활을 하게 되었고, 아버지는 도피 생활을 하면서 경제 활동을 할 수 없는 상황이 되었다.

이러한 상황 속에서 당시 23세의 꿈 많았던 나는 하고 싶고, 되고 싶고, 이루고자 했던 많은 꿈들을 접고 가장의 역할을 해야 했다. 막 대학 합격증을 받아 놓은 여동생이 있었고, 이제 고3 입시생이 된 남동생이 있었다. 경제 활동을 못 하시는 부모님을 지원해 드려야 했고, 수감 생활 중인 어머니의 옥바라지를 해야 했다.

유학을 다녀와서 대학 강단에 서고 싶던 꿈을 포기하고, 은행에서 천만 원을 대출 받아 미술학원을 시작했다. 다행히 아이들을 좋아하고 가르치는 일에 재능이 있었던 나는 사랑과 열정을 가지고 학원 운영을 능숙하게 해냈다. 동시에 대학원에 진학하여 하고 싶던 공부도 계속했다. 하지만 경제 활동과 학업을 병행하는 과정은 녹록지 않았다. 그렇게 어렵게 공부를 마치고 몇 년의 시간이 흐른 후 결혼을 하게 되었다.

결혼 당시 남편은 CPA 시험 준비 중이었는데, 결혼 후에도 공부를 계속하고 싶어 했다. 그리하여 결혼과 동시에 생활비와 남편의 학원비까지 고스란히 내가 감당해야 할 몫이 되었다. 1년으로 예상했던 시험공부 기간은 몇 년으로 늘어났고 결국은 실패했다. 그사이 큰아이가 태어났고, 남편은 뒤늦게 취업을 하고자 했지만 IMF의 영향으로 뜻대로 되지 않았다.

시험도, 취직도 안 되자 마음이 급해진 남편은 주식에 손을 댔고 수많은 개미 투자자들이 그러하듯이 어렵게 모아 놓은 전셋돈 전부를 날렸다. 그 손실을 복구하고자 카드빚까지 내어 투자

하는 바람에 더 큰 손실을 초래하게 되었다. 이로 인해 우리 가족은 많은 빚을 떠안고 지하 월세방으로 쫓기듯 이사를 해야 했다. 그때 진 빚은 거의 20년 가까이 우리 가족을 따라다니며 발목을 잡아 왔다.

누군가는 돈에 대한 문제가 삶에서 겪는 문제 중 가장 손쉬운 문제라고 하지만 우리 부부에겐 가장 풀기 어려운 문제였다. 갚아도 갚아도 끝이 없는 꼬리에 꼬리를 무는 악순환이 계속되었다.

이 당시에 나는 몸도 마음도 너무너무 지치고 힘들었다. 그때의 나는 매일매일 경제적 압박감에 시달렸다. 늘 불안하고 긴장했으며 걱정으로 가득 차 있었다.

'혹시 내가 너무 지쳐서 어느 날 갑자기 쓰러지면 우리 가족은 뭐 먹고 살지?'

'내가 너무 아파서 일을 못 하면 애들은 누가 돌보고 애들 우유 값은 어떻게 하지?'

몸은 너무 아픈데 당장 생활비를 벌어야 하니 일을 그만둘 수가 없었다. 육아도 생활고도 의지할 곳 없는 상황 속에서, 어렵게 잠이 들면 꿈에서조차 경제적 압박감으로 가위에 눌려 고통스러웠다.

남편은 셋째 아이가 태어날 무렵이 되어서야 가까스로 제대로 된 회사에 취직했다. 큰아이가 초등학교에 입학할 무렵이었으니 결혼 후 7~8년이 흐른 시점이었다. 여하튼 남편이 취직을 했으니 한시름 놨다 싶었다.

'이제 마음 고생, 몸 고생 끝이겠지……. 열심히 살기만 하면 되겠구나.'

그런데 새로운 문제가 생겼다. 태어난 셋째 아들이 시각 장애였다. 아무것도, 정말 아무것도 구분하지 못하는 시각 장애 1급의 장애 아이였다. 내 힘으로 어찌할 수 없는 삶의 질곡 속에서 내가 할 수 있었던 것은 오직 스스로의 마음공부뿐이었다. 하루에도 몇 번씩 무너지려는 몸과 마음을 다잡을 수 있었던 것은 엄마였기 때문이다. 지켜야 할 아이들이 있었기 때문이다. 또 녹록지 않은 삶 속에서 가장 큰 상처를 받은 남편과 내 자신을 치유해야 했다.

아픈 아이를 품에 안고 수많은 책을 읽고 또 읽었다. 끊임없이 자신의 내면을 들여다보며 상처와 고통, 분노를 치유하다 보니 어느 순간 마음이 단단해지면서 마음의 힘이 생기기 시작했다. 그렇게 내 안의 분노를 치유하고 마음이 단단해지니 끝없는 나락 같았던 삶에서 떠오를 수 있는 힘이 생겼다.

쓸데없는 감정을 버리고 비울 때 편안해진다

결코 순탄치 않았던 삶의 과정들 속에서 누군가에 대한 원망이나 미움이 왜 없었겠는가. 가슴을 저미는 아픔과 서러움이 왜 없었겠는가. 끝없는 좌절과 포기하고 싶은 마음이 왜 없었겠는가.

하지만 이러한 과정들을 겪으면서 내가 깨달은 것은 스스로의 감정을 정리할 수 없다면 행복한 삶을 살 수 없다는 점이었다. 왜냐하면 '행복'이나 '불행' 자체가 인간이 겪는 하나의 감정이기 때문이다. 감정의 혼란은 삶의 혼란으로 이어진다. 단순하고 쾌적한 삶을 살고 싶다면 감정 정리가 잘 되어야 한다. 감정이 명료하게 정리되면 감정을 조절할 수 있는 힘이 생긴다.

무엇이든 정리를 잘한다는 것은 필요 없는 것들을 잘 버릴 수 있다는 것이다. 또한 있어야 할 것들이 있어야 할 자리에 알맞게 있는 것이다.

공간 정리를 잘하는 사람의 집에 가 보면 있어야 할 것들이 제자리에 잘 정돈되어 있다. 잘 정돈된 집은 공간에 여백이 있어 정갈함과 편안함이 느껴진다.

감정 역시 마찬가지다. 내려놓고 비워야 할 때, 비우지 못하면 먼지처럼 가슴속에 켜켜이 내려앉아 삶을 지치고 힘들게 한다. 쓸데없는 물건을 버릴 때 복잡한 공간에 생긴 여백으로 삶이 단순하고 여유로워지듯 쓸데없는 감정을 버리고 정리할 때 당신은 삶의 기쁨과 편안함을 더 쉽게 즐길 수 있을 것이다.

복잡한 감정에서
자유로워지는 법

감정을 정리하지 못하면 불행이 반복된다. 감정을 잘 정리하려면 어떻게 해야 할까? 먼저 '사실'과 '생각'을 구분할 수 있어야한다. 그런 다음 생각을 바꾸어야 한다. 생각을 바꾸기 위해서는 관점을 바꾸어야 한다. 관점이 바뀌어야 상황에 대한 해석이 달라지기 때문이다. 해석이 달라지면 감정이 달라진다. 또 감정에 대한 깊은 이해와 연습이 필요하다. 그렇지 않다면 다음에 같은 상황이 발생했을 때 자동적으로 같은 감정이 올라오기 때문이다.

나는 어릴 때 '까다롭다' '예민하다'라는 말을 많이 들었다. 그 말을 들을 때마다 화가 났다. 나는 내가 하는 말과 행동들이 옳고 정당하다고 생각했기 때문이다. 나에 대한 그런 평가는 마치 내가 잘못했다는 비난으로 들렸기 때문에 인정할 수 없었다. 나라는 사람이 제대로 이해받지 못하고 있다는 기분이 들어서 억울하고 화가 났다.

하지만 곰곰이 생각해 보면 누군가가 나에게 '까다롭다'라고 말한 것은 '사실'일 뿐이다. 그러나 그 말을 '비난'으로 해석한 건 나의 '생각'이다. 나의 '생각'과 '해석'으로 인해 화나는 '감정'이 올라오는 것이다.

요즘은 나에 대한 타인의 평가를 가볍게 넘긴다. 그리고 인정한다. 나는 까다롭고 예민한 사람이다. 더 이상 다른 사람들이 무심코 내뱉는 말들을 비난으로 받아들이지 않는다. 그냥 내 성격이고 태어날 때부터 지닌 기질적 특성일 뿐이다. '그래서 어쩌란 말인가? 나는 그렇다. 그것이 바로 나다.' 그렇게 생각하고 나니 더 이상 그러한 말들에 화날 이유가 없었다.

더 재미있는 사실은 내가 인정하지 않고 거부할 때는 빈번히 그렇게 말하던 사람들이, 내가 인정하고 흘려버리기 시작하자 오히려 그런 말을 거의 하지 않는다는 것이다.

결혼을 하고 맞벌이를 하는 가정이라면 아마도 가사 노동 때문에 부부 사이에 어느 정도 갈등을 겪은 적이 있을 것이다. 예전에 남편에게 청소를 부탁하면, 남편은 "안 해도 되는데 네가 까다로워서 그래" 혹은 "다음에 하지 뭐" "나중에"라는 말로 대충 그 상황을 회피하려고 했다. 그럼 결국 청소는 내 몫으로 돌아오고 속에서는 화가 부글부글 끓어올랐다.

그 화를 혼자 삭이자니 억울하고, 정당하게 여겨지는 내 권리를 찾고자 시도하면 싸움이 된다. 방법을 찾다가 어느 때부턴가 이렇게 말하기 시작했다.

"응. 당신은 청소 안 해도 하나도 안 불편한 거 아는데, 당신도 알다시피 당신 마누라가 좀 까다롭잖아. 당신을 위해서가 아니라 마누라를 위해서 좀 도와줘."

그러자 어이없어서인지 유쾌하게 허허 웃더니 곧잘 도와준다. 요즘은 나보다 더 열심히 청소를 챙긴다. 시간이 흐르면서 난 오히려 청소에 무심해졌다. '좀 지저분하면 어떤가? 피곤하면 못할 수도 있는 거지' 하면서. 아이들에게도 그런다. 아이들이 "엄마가 좀 예민한 거 알지?" 하면, "그러게 말이야. 엄마가 좀 예민하긴 하지" 답하며 웃는다. 그러면 아이들도 그냥 웃으며 순하게 넘어간다.

타고난 기질적 특성은 단점이 될 수도 있지만, 장점이 될 수도 있다. 약점이 될 수도 있지만, 강점이 될 수도 있다. 자신의 성격을 어떻게 장점이나 강점으로 활용할지는 오로지 자신의 몫이다. 모든 것에는 양면성이 있다. 그 양면성을 흔쾌히 받아들일 때, 삶은 더 단순하고 유쾌해진다.

인정 욕구에서 벗어나야 한다

여기에서 정말 중요하게 살펴봐야 할 것은 그런 말을 들을 때, '왜 화가 나지?' 그 이유를 탐색해 봐야 한다는 점이다. 나는 나에 대한 평가를 비난으로 해석해 화가 났다. 물론 그렇게 말한 사람들이 그런 의도로 평가했을 수 있다. 또 그들의 평가가 옳을 수도 있다.

하지만 내가 왜 나에 대한 그들의 평가에 의존해야 하는가? 그러지 않아도 된다. 그들이 나를 어떻게 평가하든 나는 나의 길을 가면 된다. 왜 사람들은 다른 사람의 평가에 신경을 쓰는 걸까? 그 내면의 심리를 파헤쳐 보면 인정받고 싶은 욕구가 작동하기 때문이다.

그런데 누군가의 인정이나 평가가 꼭 필요한가? 그냥 나 자체로 존재하면 안 되는 걸까? 이런 질문들을 되풀이하다 보면 어느 순간 인정받고 싶은 욕구를 내려놓을 수 있게 된다. 그 순간 다른 사람들의 비난이나 평가로부터 자유로워질 수 있다.

타인의 비난이나 평가에서 자유로운 사람은 스스로에 대한 자존감이 높다. 자존감이 낮은 사람들의 특성을 살펴보면 지나치게 다른 사람의 의견에 의존하는 경향을 볼 수 있다. 다른 사람의 평가나 비난을 두려워할 필요 없다. 내가 옳다고 생각하는 길을 가면 된다. 나의 길이 다른 사람들과 많이 다르다고 틀린 길은 아니다. 단지 나의 길을 가는 데는 자신의 감정에 대한 좀 더 많은 이해와 용기가 필요할 뿐이다.

감정을 들여다보면
진짜 내가 보인다

함께 강의 활동을 하는 지인 중에 매우 상냥하고 친절한 사람이 있다. 처음 한두 번 만났을 때는 누구에게나 스스럼없이 보여주는 그 친절이 싫지 않았다. 그런데 몇 해에 걸쳐 여러 번 만나면서 같이 일을 하다 보니 가끔은 지나친 친절이 불편하고 부담스럽게 느껴진다. 한두 번 인사하면 될 일을 수차례 인사를 반복하고, 굳이 챙겨주지 않아도 될 일을 자꾸 챙겨주려 하니 귀찮고 성가신 느낌마저 든다. 때론 내 자유를 나의 의지와는 상관없이 침범당하는 기분도 든다. 누가 나에게 그가 어떠한 사람인지 묻는다면 아마 이렇게 대답할 것이다.

"착하고 좋은 사람이기는 한데, 오래 함께하기에는 좀 피곤해요."

그렇다면 그 사람에 대한 나의 평가는 옳은 것일까? 그 사람에 대해 아직 잘 모르는 상태에서 나에게 질문을 한 사람은, 나의 답을 듣고 나름대로 그 사람에 대한 선입견을 가질 수도 있다. 하지만 그가 직접 그 사람을 만나고, 그 사람에 대해 알아가면 전혀 다른 느낌을 가질 수도 있다.

"그 사람 만나 보니까 정말 착하고 배려심도 많고 친절한 사람이던데요."

이렇게 말할 수도 있는 것이다. 그럼 누구의 평가가 옳은 것일까? 옳고 그름은 없다. 타인에 대해 갖는 느낌이나 평가는 상대가 어떤 사람이냐를 정의하는 것이 아니다. 내가 어떤 사람이냐를 정의한다. 바꾸어 말하면 내가 어떤 성향의 사람을 좋아하느냐를 드러낸다.

결국 나라는 사람은 과잉 친절에서 느낄 수 있는 심리적 밀착감보다는 적당한 거리감에서 오는 자유로움을 더 좋아하는 사람이라는 것이다. 하지만 다른 누군가는 내가 좋아하는 자유로움을 외로움으로 느낄 수도 있다. 내가 부담스러워 하는 과잉 친절을 다정함으로 느낄 수도 있다. 왜냐하면 '과잉 친절'이라는 표현 자체가 이미 나의 주관적 표현이기 때문이다. '자유로움'이라는 표현 역시 나의 주관적 감정을 표현한 것이다. 똑같은 행동 양식이 다른 사람에게는 '다정함', '외로움'이라는 단어로 표현될 수도 있기 때문이다.

타인에 대한 평가는 내가 어떤 사람인지 말해 준다

사람뿐만이 아니라 음식이나 사물에 대해서도 우리는 각기 다른 감정을 느끼며 살아간다. 남편은 비빔밥을 아주 좋아한다. 어릴 적부터 비빔밥이라면 몇 그릇을 한번에 먹었다고 한다. 나는 비빔밥을 그다지 좋아하지 않는다. 이 맛과 저 맛이 적당히 어우러진 맛이 비빔밥의 매력이라고 하지만 나는 그래서 별로다. 각각의 나물이 가진 고유의 맛이 감소되기 때문이다. 각각의 나물이 가진 그 자체의 맛을 음미하고 싶다.

어느새 결혼 20년이 넘었다. 그런데 아직도 남편은 비빔밥을 먹을 때마다 나에게 자꾸 권한다. 자신이 좋아하니까 당연히 나도 좋아하는 줄 안다. 내 입장에서는 그런 남편이 가끔은 서운하다. 지난 20년 동안 그렇게 여러 번 비빔밥을 즐기지 않는다고 이야기했건만, 번번이 잊어버리는 무심함이 야속하다.

이런 예는 굉장히 흔하다. 때론 사소한 다툼의 원인이 되기도 한다. 교육생 중에 40대 후반의 주부가 있었다. 분노 조절에 대한 8주차 강의를 진행 중이었는데, 그중 한 분이 자신은 어묵을 너무 좋아한단다. 그래서 어묵으로 하는 요리라면 탕이든 조림이든 가리지 않고 즐긴단다. 그날도 어묵탕을 한 냄비 끓여서 식탁에 올렸다. 맛있게 먹으면서 앞자리에 앉은 남편에게 권했다.

"맛있으니 당신도 많이 먹어."

"나 어묵 안 먹잖아."

그 말을 듣고 깜짝 놀라서,

"정말? 그럼 지난 20년 동안 내가 열심히 식탁에 올린 어묵 반찬은 누가 다 먹은 거야? 적어도 일주일에 두세 번은 올린 거 같은데……"

"그러게. 너 혼자 정말 잘도 먹더라."

"맙소사. 그럼 그걸 여태 나 혼자 다 먹은 거야?"

하면서 너무 어이가 없어서 웃고 말았단다.

"비빔밥은 맛있는 음식인가? 아닌가?"

"어묵은 맛있는 음식인가? 아닌가?"

이런 질문은 어리석다. 단지 나라는 사람이 그것을 좋아하는가, 싫어하는가의 문제일 뿐이다.

때론 부모가 아이를 볼 때도 이렇게 자신의 선호도에 따라 감정을 대입하여 본다. 흔히 열 손가락 깨물어 안 아픈 손가락이 없다고 말한다. 하지만 부모의 마음에 더 맞는 자식도 있고, 덜 맞는 자식도 있다.

어떤 부모는 자신의 성격과 닮은 자식을 더 좋아하고, 어떤 부모는 자신의 성격과 다른 자식을 더 좋아한다. 더 좋아하고 덜 좋아하고는 감정이다. 그냥 자신의 취향일 뿐이다. 그런데 여기에서 부모가 느끼는 감정을 아이가 느끼게 될 때 문제가 발생한다.

다른 형제들에 비해 사랑을 못 받는다고 느끼는 아이는 마음의 상처를 받는다. 게다가 단순히 더 좋아하고 덜 좋아하는 감정을 넘어서 자신의 취향에 따라 아이를 평가할 때 문제는 더 커진다.

"아휴. 쟤는 아빠를 닮아서 너무 소심해."

"쟤는 엄마를 닮아서 너무 까다로워."

"어쩜 저렇게 내가 싫어하는 부분만 닮은 건지. 휴……."

"잠시도 가만히 있지 못하니, 어떡하지?"

"나가서 활발하게 놀아야 할 텐데, 집에만 있으니 어떡하지?"

같은 행동을 하는 아이라도 보는 사람의 관점에 따라 활발하게 보일 수도 있고, 산만하게 보일 수도 있다. 차분하게 보일 수도 있고, 소심하게 보일 수도 있다. 성실하게 보일 수도 있고, 답답하게 보일 수도 있다. 용기 있게 보일 수도 있고, 무모하게 보일 수도 있다.

심지어 같은 사람이 같은 사람을 볼 때도 때에 따라 그 느낌이 다를 수 있다. 나는 어떨 때는 남편이 아주 성실하게 보이고, 어떨 때는 좀 답답하게 느껴진다. 남편 역시 마찬가지일 것이다. 남편이 볼 때 나는 어떨 때는 책임감 있게 보일 것이고, 어떨 때는 까다롭게 여겨질 것이다. 결국 우리가 느끼는 모든 감정은 옳고 그름의 문제도 아니고, 상대방이 어떤 사람이냐를 규정해 주는 것도 아니다. 나라는 사람이 어떤 사람이냐를 규정할 뿐이다.

"우리 애는 운동은 너무 잘하는데, 공부는 못 해. 어쩌지? 걱정이야. 정말."

이렇게 말하는 부모가 있다면, 이 부모는 운동보다 공부에 더 많은 가치를 두는 사람이다. 운동을 잘하는 아이보다 공부를 잘하는 아이를 좋아하는 부모이다.

"우리 애는 공부는 못 해도, 운동을 너무 잘해. 진짜 멋있어. 감동이야."

이렇게 말하는 부모가 있다면, 이 부모는 공부보다 운동에 더 많은 가치를 두는 사람이다. 공부를 잘하는 아이보다 운동을 잘하는 아이를 좋아하는 부모이다.

"우리 시어머님은 시시때때로 전화를 해서 이것저것 간섭

해. 정말 힘들어"라고 말하는 사람도 있고, "우리 시어머님은 수시로 전화해서 살뜰히 챙겨주셔. 정말 자상해"라고 말하는 사람도 있다.

"우리 회사 부장은 성격은 까다로운데 정말 능력 있는 사람이야. 너무 멋있어"라고 말하는 사람은 성격보다 능력에 더 가치를 두는 사람이다. "우리 회사 부장은 능력은 좋은데 정말 까다로운 사람이야. 같이 일하고 싶지 않아"라고 말하는 사람은 능력보다 성격에 더 가치를 두는 사람이다.

이렇듯 우리는 다른 사람을 평가한다고 생각하지만, 사실은 자신이 어떤 사람인지를 알려 주고 있다. 어떤 것을 좋아하고 어떤 것을 싫어하는 사람인지를 드러내고 있다. 그런데도 우리는 흔히 다른 사람에 대한 자신의 평가가 그 사람에 대한 진실을 말하고 있다고 착각한다. 어떤 상황에 대해서나 어떤 사람에 대해서, 좋고 싫고의 감정이 생길 때 그 감정을 잘 들여다보라. 내가 무엇을 좋아하고 무엇을 싫어하는 사람인지, 감정 속에 가려진 진짜 내가 보인다.

나를 행복하게 하는
감정 선택하기

누구에게나 행동 습관이 있고 언어 습관이 있듯이 감정 습관도 있다. 자신의 감정 습관을 살펴본 적이 있는가? '세 살 버릇 여든까지 간다'라는 말이 있듯 습관이라는 것은 한 번 들이면 바꾸기가 어렵다. 무의식적으로 행하는 이 감정 습관들이 우리의 행복과 불행을 만든다. 그럼에도 우리는 행복과 불행을 만들어 가는 것이 자신의 감정 습관이 아니라 상황이나 사건이라고 여긴다. 즉, 행복과 불행을 결정하는 요인이 자신의 내부가 아니라 외부에 있다고 생각한다. 행복과 불행을 일으키는 요인이 외부에 있다고 생각하면 자신의 인생을 변화시킬 수 없다. 결정적 요인이 내부에 있음을 깨달을 때 우리는 자신의 의지로 인생을 바꿀 수 있다. 불행을 행복으로 전환시킬 수 있는 힘을 가지게 되는 것이다. 행복이나 불행은 하나의 상황이나 사건이 아니라 개인의 감정 상태를 일컫는다. 결국 같은 상황이나 사건도 어떤 이에게는 행복한 시간이 될 수도 있고, 다른 이에게는 불행한 시간이 될 수도 있다.

강의를 진행해 보면 자발적 의지로 교육을 받는 사람과 비자발적으로 교육을 받는 사람의 분위기가 매우 다르다는 것을 알 수 있다. 자발적 의지로 신청해서 교육을 받는 사람은 당연히 매우 적극적이다. 본인이 원해서 배우고 싶은 욕구를 가지고 신청했기 때문이다.

이에 비해 학교나 군부대 교육은 단체장의 마인드에 따라 혹은 개인의 성향에 따라 참여도가 차이 난다. 왜냐하면 학생이나 군인의 경우 자발적으로 참여하지 않았기 때문이다. 개인의 의사와는 상관없이 참여하니 사람에 따라 적극성도 떨어지고 집중도도 떨어지는 경우가 있다. 물론 모두가 그런 것은 아니다. 대다수는 흥미를 가지고 활발하게 참여한다. 그중 일부는 최대한 적극적으로 참여하고 몰입하여 들으려는 강한 의지를 내보이기도 한다.

반면에 몇몇은 처음부터 들을 의지가 없다. 교육장에 들어오자마자 일단 그냥 책상에 엎드린다. 난 안 듣겠다는 무언의 의사 표시이다. 역시 인간에게 가장 중요한 것은 자유 의지라는 것을 실감하게 되는 순간이다.

인간은 하기 싫은 것을 억지로 해야 할 때 신명이 나지 않는다. 먹기 싫은 음식을 억지로 먹으면, 아무리 맛있는 음식도 그 맛을 제대로 음미할 수 없다. 심하면 체하기까지 한다. 마찬가지로 일단 거부의 감정이 가득 차 있으면 아무리 좋은 것이 들어와도 소화시킬 수 없다.

하지만 살아가노라면 내가 원하지 않아도 어쩔 수 없이 해야 할 때도 있다. 예를 들어 대한민국의 아동과 청소년들에게 학교가 필수이듯이, 청년들에게 군복무는 필수이다. 선택 사항이 아니다. 그 안에서 진행되는 여러 가지 일정 역시 본인의 의사가 반영되지 않는다. 그렇지만 그 시간들을 어떻게 활용할지는 순전히 본인에게 달려 있다. 그렇다면 주어진 여건하에서 최대한 자신에게 배움과 성장의 시간이 될 수 있도록 힘쓰는 게 좋지 않을까.

자발적 의지로 선택한 프로그램은 아니지만, 적극적으로 참여하는 학생들과 장병들의 표정은 밝다. 발표할 때의 목소리도 쾌활하고, 눈빛도 반짝반짝 생기가 느껴진다. 옆에 있는 사람들에게까지 즐거운 분위기가 전달된다. 하지만 마지못해 앉아 있는 몇몇 학생들과 장병들의 표정은 어둡다. 목소리에도 활기가 없고, 눈빛에서도 활발한 생기가 느껴지지 않는다. 즐겁지 않은 기분이 다른 사람에게도 전달된다. 이 두 부류는 표정과 눈빛에서 이미 확연한 차이가 난다. 참 안타깝다.

언제나 더 좋은 감정을 선택하는 습관의 힘

내가 학창 시절을 어떻게 보냈는지에 따라 다음 진로를 선택할 수 있는 선택지가 달라진다. 마찬가지로 2년여의 군 생활을 어떻게 보내는지에 따라 그 이후의 삶이 달라질 수 있다. 반드시 학생이나 군인이 아니어도 똑같다. 직장인이든 전업주부든 내키지 않아도 반드시 해야 할 일이 있다. 그 일을 어떤 마음으로 하느냐에 따라 일의 성과도 달라지지만 인생에 대한 행복감도 달라진다.

하기 싫지만 반드시 해야 할 일을 할 때, 당신은 어떤 기분인가? 유쾌하지는 않을 것이다. 따분할 수도 있고 짜증날 수도 있다. 화가 날 수도 있다. 하지만 피할 수 없는 일이라면, 언제나 더 좋은 감정을 선택하라. 행복해지고 싶다면, 기분 좋은 감정을 의도적으로 선택하라. 그러기 위해서는 당연히 생각을 먼저 바꾸어야 한다.

당신은 직장생활을 열심히 하고 있다. 그런데 새로운 업무가 추가되었다. 너무 과도한 분량이다. 그렇지만 당신은 행복해지고 싶다. 두 가지 선택지가 있다. 먼저 그 일을 거부할 수 있다. 거부할 수 있다면 거부하라. 하지만 그럴 수 없다면 생각을 바꾸어야 한다. 물론 이 업무는 나에게 너무 과도하다. 이 일을 맡으면 당분간 일찍 퇴근하는 일은 물 건너갔다. 해보지 않은 일이라 자신도 없다. 그렇지만 이렇게 바꾸어 생각할 수도 있다.

'이 일이 나한테 너무 과하긴 해. 해 본 적이 없는 일이라 잘 할 수 있을지 불안하기도 해. 당분간 내 개인 시간을 반납해야 할 수도 있어. 하지만 나한테 좋은 경험이 될 거야. 내가 이 일을 잘 해 낸다면, 내 능력을 인정받을 수도 있고 더 좋은 기회를 가질 수도 있어. 어차피 해야 할 거라면 신나게 기쁜 마음으로 하자.'

나는 예전에 운전하기를 엄청 싫어했다. 운전이 너무 두렵고 무서웠다. 나라는 사람은 운전에 전혀 소질이 없는 듯 여겨졌다. 그래서 아마 평생 운전을 못 할 거라고 생각했다. 그런데, 막내아들이 서울에 있는 특수학교에 입학하게 되었다. 초등학교를 안 보낼 수는 없으니 어쩔 수 없이 매일 아침 등교를 시켜야 했다.

복잡한 출근 시간대에 매일 한두 시간 걸려 서울 도심 한복판을 통과해야 했다. 딱 3일 집에서 학교까지 코스를 연수받은 후 아이를 태우고 다녔다. 너무 무서워서 온몸에 힘이 들어가고 등에서는 식은땀이 났다. 평생 절대로 할 수 없으리라 생각했던 운전을 안 할 수 없는 상황이 되자 할 수밖에 없었다. 더 신기한 것은 내가 운전을 너무 즐긴다는 사실이었다. 처음엔 무척 떨리고 두려웠지만 시간이 지나자 어느덧 거부하던 그 일을 즐기고 있었다.

실제로 당신이 하기 싫어하던 일이라도 막상 해 보면, 생각보다 재미있을 수 있다. 그리고 이때의 당신은 이미 그전과는 다른 사람이다.

우리는 '어제의 나'와 '오늘의 나'가 같은 사람이라고 생각하지만, 사실은 다른 사람이다. 나라는 존재는 눈에 보이는 육체로 결정되는 것이 아니라, 내가 품고 있는 에너지로 결정되기 때문이다. 불만과 불평, 짜증, 우울 등의 감정을 잔뜩 품고 있을 때의 당신 에너지를 떠올려 보라. 기쁨과 감사함, 즐거움 등의 감정을 품고 있을 때의 당신 에너지와 엄청나게 다르다. 그 에너지는 당신뿐만 아니라 주변 사람들에게 전달되고 그들도 느낄 수 있다. 어떻게 같은 사람이라고 할 수 있을까? 외형적으로는 같지만, 그 둘은 다른 사람이다.

행복한 사람은 감정 습관이 다르다. 행복한 사람은 언제나 자신을 더 행복하게 하는 감정을 선택한다. 하고 싶지 않지만 거부하거나 회피할 수 없는 일을 마주할 때, 좋은 감정을 선택해 보자. 그 하나하나의 선택들이 이어져 훌륭한 감정 습관들을 형성할 것이다.

지금 이 순간 당신이 우울하다면 그 감정을 살며시 내려놓고 다른 감정을 선택한다. 기쁨, 즐거움, 수용, 감사……. 이런 단어들을 선택해서 가만히 혼잣말로 되뇌어 본다. 자신의 가슴이 이 단어들을 느낄 수 있도록 조용히 몇 번 반복한다. 서서히 내 안의 에너지가 바뀌는 것을 경험할 것이다.

나 자신으로부터
출발하기

감정은 나의 상태를 알려주는 나침반이다. 항해를 할 때 나침반이 없으면 길을 잃어버리듯이 인생에도 나침반이 필요하다. 내가 어떤 감정 습관을 가지고 있느냐에 따라 나아가는 인생의 방향이 달라진다. 그리고 그 방향에 따라 인생의 행복과 불행이 결정된다.

세상 모든 만물은 에너지이다. 우리의 말이나 생각, 감정도 에너지이다. 에너지는 흐르고 진동한다. 각각의 감정에는 고유의 진동 주파수가 있다. 불같이 화를 내는 사람을 본 적이 있는가? 예민한 사람이라면 그렇게 화를 낼 때 폭발되는 에너지 진동을 느낄 수 있을 것이다. 마찬가지로 슬픔에 잠겨 있는 사람에게서 풍겨 나오는 에너지 진동도 느낄 수 있을 것이다. 분노로부터 폭발하는 에너지와 슬픔이나 우울에서 나오는 에너지는 확연히 다르다. 그 차이점을 느낄 수 있을 것이다. 왜냐하면 그들이 가진 진동의 주파수가 다르기 때문이다. 이렇게 모든 만물은 고유의 주파수를 가지고 끊임없이 진동하고 있다. 그러면서 같은 주파수에 반응하고 끌어당기고 끌려가게 되어 있다. 무슨 뜻일까?

당신이 발산하는 감정의 에너지 진동수에 따라 주파수가 맞는 사건이나 상황만 일어나게 된다. 화의 에너지를 계속하여 발산한다면 계속 화가 날 만한 상황들이 일어날 것이다. 짜증의 에너지를 계속 내보낸다면 계속 짜증이 날 만한 상황이 일어날 것이다. 이러한 일의 결과를 보고 우리는 흔히 '머피의 법칙'이라고도 한다.

좀 더 정확하게 표현한다면 '끌어당김의 법칙'이다. 지구가 중력의 법칙 안에서 움직인다면 우주는 끌어당김의 법칙 안에서 움직인다. 예외는 없다. 중력의 법칙이 예외적으로 작동하여 떨어진 물 컵이 하늘로 날아가는 일을 본 적이 있는가? 없을 것이다. 마찬가지로 끌어당김의 법칙이 잘못 작동하여 자신이 끌어당기지 않았는데 나타나는 경우는 없다. 내 앞에 나타난 모든 물질과 사건, 상황은 분명 내가 끌어당긴 것이다.

끌어당김의 법칙

그런데 내가 원치도 않는 상황이 왜 자꾸 내 앞에 나타나는 걸까?

내가 깨어 있지 못하고, 무의식적으로 뒤죽박죽 끌어당기고 있기 때문이다. 끌어당김의 법칙은 컴퓨터와 같다. 출력을 했는데 인쇄물에서 오타가 발견되었다면 프린트 기계가 잘못된 것이 아니다. 처음부터 입력을 잘못해 놓은 것이다. 그럴 리가 없다고, 분명히 입력을 제대로 했는데 잘못 출력된 거라고 아무리 우겨 봐도 소용없다. 입력을 잘못했음을 인정하고 고치지 않는 한 언제까지나 오타가 있는 프린트물이 출력될 것이다.

아무리 컴퓨터를 새 컴퓨터로 바꾸고, 프린트기를 새 프린트기로 바꾸고, 종이를 바꿔 끼워도 마찬가지다. 답은 하나다. 수정해서 입력을 제대로 해야 하는 것이다.

요즘은 텔레뱅킹이나 인터넷뱅킹이 생활화되어 있다. 굳이 은행에 가서 현금으로 송금하지 않아도 전화나 인터넷을 통해 송금이 가능하다. 그러다 보니 가끔 축의금이나 조의금과 관련하여 웃을 수밖에 없는 상황이 벌어지기도 한다. 5만원을 송금하고자 했는데 50만원이 송금되는 경우, 반대로 5만원을 송금했다고 생각했는데 5000원이 송금되는 경우도 있다. 그럴 리가 없다고 아무리 우겨 보아도 자신이 입력을 잘못해서 생긴 오류이다.

요컨대 출력을 제대로 하려면 자신에게 제대로 된 생각을 새로 입력해야 한다. 제대로 된 생각이란 행복한 감정을 느끼게 하는 생각이다. 유쾌함, 즐거움, 기쁨, 쾌적함, 만족감, 감사……. 이런 감정들을 느끼게 하는 생각이다. 자신의 인생에 안 좋다고 느껴지는 일들이 자꾸 일어난다면 감정을 점검해 보라. 생각을 점검해 보라. 그리하여 잘못 입력된 생각과 감정을 바꾸어라.

그럼 내가 입력을 제대로 했는지, 안 했는지 어떻게 체크할 수 있을까? 감정을 살펴보면 된다. 내가 느끼는 감정이 행복한 감정이면 제대로 입력한 것이다. 행복한 감정의 에너지에서 발산되는 진동이나 주파수와 같은 물질, 혹은 사건, 상황이 내 앞에 나타날 것이다.

내가 느끼는 감정이 불행한 느낌이라면 입력을 잘못한 것이다. 내가 느끼는 불행, 분노, 짜증, 불안, 두려움, 공포와 같은 파동을 지닌 사건들이 일어날 것이다.

그러니 행복해지고 싶다면 감정을 바꾸어야 한다. 감정을 바꾸기 위해서는 무엇부터 해야 할까? 일단 내 안의 감정을 정리하는 연습부터 시작해보자.

감정 정리 연습

인간은 다양한 감정들을 경험하며 살아간다. 분노, 불안, 원망, 집착, 열등감, 죄책감, 미움, 질투, 후회, 우울……. 인간을 힘들게 하는 많은 감정들이 있고, 사람들은 이런 감정들을 정리하고 그만 놓아 버리고 싶어 한다. 하지만 생각만큼 쉽게 놓아지지 않는다. 왜 그럴까? 감정과 자신이 동일시되어 자신으로부터 감정을 분리하기가 어렵기 때문이다.

삶은 달걀의 껍데기를 벗겨 본 적이 있는가? 삶은 달걀의 껍데기를 벗길 때 겉껍데기를 까고 나면 반투명한 얇은 속껍질이 나온다. 그런데 이 속껍질은 쉽게 벗겨질 때도 있지만 잘 벗겨지지 않고 속살까지 함께 뜯겨 나올 때가 있다. 속껍질이 속살에 너무 밀착되어 있어서다. 어떻게 하면 속살을 다치지 않고 쉽게 벗겨낼 수 있을까? 속살과 속껍질 사이에 얇은 간격이 있어야 한다. 아주 작은 간격일지라도 틈이 있으면 쉽게 아픔 없이 분리된다. 호두 역시 겉껍데기와 속껍질이 있다. 땅콩도 마찬가지다. 호두랑 땅콩의 속껍질을 벗길 때도 충분한 건조를 통해 약간의 틈이 형성되어야 잘 벗겨진다.

인간의 감정도 이와 같다. 감정과 그 감정을 경험하는 나 사이에 간격이 있어야 쉽게 그 감정을 내려놓을 수 있다. 이것을 다르게 표현하면 '거리 두기'라고 할 수 있다. 그럼 감정과 나 사이에 거리 두기는 어떻게 할 수 있을까? '감정에 대한 충분한 이해'를 통해 '간격'이 생겨난다. 내려놓기 힘든 감정들도 이해가 진행되면 마치 꽁꽁 얼었던 단단한 얼음이 녹아내리듯 정리가 되기 시작한다.

우리가 해야 할 일은 단 하나다. 인간의 다양한 감정들을 이해하는 것이다. 그 감정들의 근원을 탐색하는 것이다. 당신을 힘들게 하는 감정들의 뿌리를 찾아내고, 감정 뒤에 숨겨진 내밀한 욕구를 이해한다. 다른 사람을 이해하려고 노력하기보다 먼저 당신 자신의 감정을 이해하려고 노력하라. 모든 것의 시작은 나로부터이다. 나를 온전히 이해하게 되면 자연스럽게 타인을 이해할 수 있다. 모든 인간은 연결되어 있고 결국 하나이기 때문이다. 그러니 당신이 더 평온하고 행복한 삶을 살고 싶다면 '당신의 감정'을 먼저 '정리'해야 한다. 당신의 내면에 있는 감정을 '진정으로 이해하는 순간' 당신을 힘들게 하는 많은 감정들이 정리될 것이다.

당신 자신에게서 출발하라. 자신의 생각과 감정을 깊게 들여다보면 처음에는 안개 속같이 뿌옇게 보이던 감정들이 서서히 명확하게 보인다. 그러면서 내려놓아야 할 감정들과 간직해야 할 감정들이 구분되고 정리되기 시작한다. 처음에는 쉽지 않을지도 모른다. 이제까지의 감정 습관이 있기 때문이다. 하지만 모든 습관은 이해와 반복, 연습과 노력을 통해 바꿀 수 있다. 스스로의 의지로 변형이 가능하다.

인간이 겪는 다양한 감정에는 좋고 나쁨이 없다. 우리가 살아가는 세상은 상대성을 통하여 배우고 성장한다. 슬픔을 통하여 기쁨을 알고, 미움을 통하여 사랑을 알고, 망설임을 통하여 명확함을 알고, 불행을 통하여 행복을 안다. 그러므로 어떤 감정에 옳고 그름은 없다. 다만 나를 불행하게 하는 감정과 행복하게 하는 감정이 있고, 내가 원하는 감정과 원하지 않는 감정이 있을 뿐이다. 그 모든 감정에 대한 주도권을 갖는 것이 감정 조절이다. 더 나은 삶과 더 좋은 인간관계를 위해 감정을 조절하고 싶다면, 먼저 자신의 감정을 정리해야 한다. 우리는 너무 많은 감정적 에너지를 소모하며 살기 때문이다.

결국 감정 정리란 내려놓아야 할 감정들과 간직해야 할 감정들을 구분하고 행하는 것이다. 또한 삶에서 낭비되는 에너지를 생산적인 에너지로 변형시키는 일이다. 왜냐하면 부정적 감정들을 가슴속에 품고 살아갈 때, 너무 많은 감정적 에너지가 소모되기 때문이다. 자신을 힘들게 하는 감정들 속에서 자신을 지켜내고 삶을 유지하기 위해서는 엄청난 에너지가 소모된다.

그러한 감정들이 담백하게 정리될 때, 거기에 소요되던 에너지가 삶을 향한 생산적 에너지로 전환될 수 있다. 이제 당신의 삶은 더 이상 무겁지 않을 것이다. 당신이 품고 싶지 않은 감정들이 정리되면, 세상을 살아갈 새로운 힘이 생겨난다. 더 가볍고 생동감 있고 충만한 에너지를 가지고 살아갈 수 있게 된다.

이렇게 소모적 에너지가 생산적 에너지로 전환될 때, 당신의 삶도 바뀔 것이다. 삶의 질이 달라질 것이다. 당신 삶이 변형되기 시작하면 당신의 남편, 아내, 연인, 아이들의 삶도 달라진다. 당신과 관계를 맺고 있는 많은 사람들의 삶이 달라지기 시작한다. 이것이 감정을 정리하는 습관이 필요한 이유다. 감정 습관은 당신 인생의 행복을 결정한다.

2장

모든 감정 습관에는 이유가 있다

Mental Health

우울은 분노가
오래 퇴적된 감정

"혹시 우울증 약을 먹고 계신가요?"

오래전 처음으로 간 한의원 진료실에 들어가자마자 대뜸 한의사가 내게 던진 질문이다. 그 당시 초등학생이던 막내아들의 손목 인대가 늘어난 일이 있었다. 이미 정해진 연주 무대를 앞두고 무리하게 연습을 한 탓이었다. 가까스로 연주 무대를 마친 후 치료를 받기 위해 한의원을 방문했다.

요즘 한의원은 침술이나 물리치료 외에도 병원에서 사용하는 다양한 의료 기기들을 가져다 놓은 곳이 많다. 정확한 명칭은 모르겠지만 한의원 로비에 의료 기기 하나가 비치되어 있었다.

손가락 끝마다 기기를 연결하여 몸의 상태를 측정한 후 그래프와 숫자로 출력되게 하는 기구였다. 대기실에서 진료 차례를 기다리는 동안 아이와 함께 나도 측정을 해보았다. 그러고 나서 차례가 되어 진료실에 들어갔다. 자리에 앉자 컴퓨터에서 출력된 자료를 보며 한의사는 정작 치료를 받으러 간 아이는 제쳐두고 내게 질문을 던진 것이다.

너무 뜻밖의 질문이라 잠시 당황스러웠다.

"아뇨."

당혹스러운 마음을 담아 짧게 대답을 하고 나니 다시 질문을 한다.

"그럼 혹시 우울증 진단을 받은 적 있으세요?"

"아뇨. 그런 적 없는데요."

재차 확인을 거듭하더니 의사는 고개를 갸웃갸웃하며 이렇게 말했다.

"그런데 몸 상태는 스트레스 수치나 여러 가지 면에서 우울증 환자랑 아주 많이 비슷해요. 우울증 약을 복용하거나 치료를 받아야 할 수준인데요. 병원에 가서 정확한 진단 한번 받아 보세요."

물론 그 이후로 지금까지 병원에 간 적도 없고 우울증 검사를 받아 본 적도 없다. 어쩌면 사는 게 너무 바빠 병원에 갈 엄두를 내지 않았는지도 모른다. 하지만 더 근본적인 이유는 우울감이라는 게 마음의 병이라면, 스스로의 감정 조절과 노력으로 충분히 고칠 수 있을 것이라는 생각 때문이었다. 여하튼 이 일을 계기로 우울감에 대해서 깊이 생각해 보게 되었다. 살펴보니 내 주변에도 우울감 때문에 고통 받는 사람들이 많았다. 때로는 그로 인해 삶을 포기하는 극단적인 선택을 하는 사람들도 있었다.

그 이후 강의와 상담을 하면서 우울증으로 힘들어 하는 사람들을 많이 만나게 되었다. 흔히 인간을 감정의 동물이라고 한다. 그만큼 인간과 감정은 밀접한 관계를 맺고 있다. 우울한 감정 역시 인간이 경험하는 다양한 감정 가운데 하나이다.

우리가 무언가를 잘 다루기 위해서는 먼저 그 대상에 대해 잘 알아야 한다. 컴퓨터를 잘 다루기 위해서는 컴퓨터라는 기계에 대해 어느 정도의 지식이 필요하다. 그다음 시행착오를 거친 축적된 경험과 반복을 통해 배우고 익숙해진다. 감정 역시 마찬가지다. 감정을 잘 다루고 조절하기 위해서는 먼저 감정이 어떻게 작동하는지 알아야 하고, 우울한 감정을 잘 다루기 위해서는 우울한 감정에 대해 알아야 한다.

우울한 감정을 조기에 다스리지 못하면 우울증으로 발전한다. 우울증은 현대인에게 아주 흔한 병이다. 그렇다면 우울증의 근본 원인은 무엇일까? 상담을 하다 보면 자신의 우울증에 대해 그 원인을 알고 있는 사람도 많지만, 의외로 원인 자체를 잘 모르는 경우도 많다. 그냥 막연히 "사는 게 싫다", "힘들다", "하고 싶은게 아무것도 없다", "너무 우울해서 죽고 싶다", "기분이 들쑥날쑥한다" 이런 식으로 표현한다.

나는 왜 우울할까

모든 감정에는 이유가 있다. 분노에는 분노할 수밖에 없는 나름의 이유가 있고, 짜증이 날 때는 짜증이 나는 구체적인 이유가 있다. 이에 비해 우울감은 그 구체적인 이유를 찾기가 좀 더 모호하고 어렵다. 왜 그럴까? 우울한 감정은 좀 더 오랫동안 축적된 감정이기 때문이다. 화가 날 때는 지금 이 순간 화가 나는 구체적인 상황이나 사건이 있다. 짜증이 날 때도 지금 이 순간 짜증을 유발하는 어떤 구체적인 상황이 있는 경우가 많다.

하지만 우울한 감정은 아주 오랫동안 내부에서 들끓다가 가라앉은 감정이다. 그렇다면 그 들끓었던 감정은 어떤 것일까? 분노이다. 물론 분노의 원인은 아주 다양하다. 부모나 형제들에 대한 분노일 수도 있다. 남편이나 시댁 식구들에 대한 분노일 수도 있다. 아내나 처가 식구들에 대한 분노일 수도 있다. 직장 상사나 동료에 대한 분노일 수도 있다. 또 특정 대상에 대한 분노가 아니라, 어떤 상황에 대한 분노일 수도 있다. 본인이나 가족의 오래된 질병이나 벗어날 수 없는 경제적 궁핍, 반복되는 신체적 폭력 등 그 원인은 다양하다.

여기서 중요한 것은 그 분노를 일으킨 상황을 해결할 힘이 자신에게 없다는 점이다. 아무리 애를 써도 자신의 의지나 노력으로 상황을 변화시킬 수 없을 때가 있다. 때로는 자신의 생각이나 분노를 표현조차 할 수 없어 꾹꾹 눌러 참아야 할 때도 있다. 오랜 시간 자신의 분노를 표현하지 못하고 참다 보면 외부로 향하던 분노라는 감정이 내부로 방향을 바꾼다. 자신을 분노하게 하는 상황을 해결하지 못하는 스스로에게 화가 나는 것이다. 이렇게 자신을 향하게 된 분노를 오랫동안 방치하면 그 들끓던 감정이 서서히 가라앉아서 무력감이나 우울감으로 바뀐다. 아무것도 할 수 없다는 무력감과 아무것도 하기 싫다는 무기력한 느낌, 혹은 슬픔이나 우울로 변질된다.

이것이 성인들의 우울증과 함께 요즘 소아 우울증이나 청소년 우울증이 증가하는 이유이다. 아이들에 대한 부모들의 과도한 기대와 무리한 요구가 늘어나면서 아이들의 내면에는 억압된 분노가 쌓여 간다. 반대의 경우도 마찬가지다. 부모의 지나친 무관심이나 언어 폭력, 신체 폭력도 아이들의 내면을 분노로 가득 차게 한다. 가장 큰 문제는 아이들이 자신의 의견을 피력하거나 분노를 표현할 힘이 없다는 것이다. 아직 어리고 약한 아이들에게 부모는 대항할 수 없는 거인이자 맹수처럼 거대한 힘으로 느껴지기 때문이다. 때문에 아이들은 부모의 생각과 자신의 생각이 달라도 자유롭게 표현하기 힘들다. 화가 나도 그 감정을 제대로 표현할 수 없다. 이렇게 방치되고 억압된 감정이 어느 순간 임계점을 넘으면 무기력감과 우울감으로 변한다.

아주 오래전 20대 때 가르친 아이가 아직도 생각난다. 6세 남자아이였는데, 그 얼굴 표정이 너무나 무기력하고 우울하여 늘 안쓰러웠던 아이다. 어떻게든 아이에게 꿈과 활기를 불어넣고 싶어 여러 번 대화를 시도했었다. 하지만 아이는 어떤 질문, 어떤 대화에도 관심을 보이지 않았고 그저 아무것도 하고 싶지 않다는 대답뿐이었다. 도저히 여섯 살이라고는 믿기 힘들 정도였다. 수십 년이 지난 지금까지도 기억 속에 안타까움으로 남은 아이다. 도대체 무엇이 한창 신나고 활기차야 할 6살 아이를 그렇게 병들게 했을까?

어른들의 우울증도 다르지 않다. 자신보다 더 강한 대상 앞에서 자유롭게 자신의 의견을 표현하기는 힘들다. 또 자신의 힘으로 어찌할 수 없는 상황 속에서 삶의 힘겨움에 대한 분노가 쌓여 간다. 이러한 감정을 제대로 표현하지 못하고 오랫동안 참을 때, 자신의 무력함에 대한 분노가 우울함으로 변화한다. 그래서 때로는 더 이상 살기 싫다는 삶에 대한 포기로까지 이어지는 것이다.

우울감은 어떻게 극복할 수 있을까? 먼저 자신의 우울감이 어디서부터 비롯되었는지 그 출발점을 알아야 한다. 모든 문제는 알아차림에서 해결되기 때문이다. 그러면서 그때는 그럴 수밖에 없었던 자신의 약함에 대해 이해하고 위로해 줄 수 있어야 한다. 지금은 그때보다 더 성숙하고 강한 사람이 된 자신을 발견하고 격려할 수 있어야 한다. 그때는 비록 내 의견을 표현할 힘이 없었더라도 이제는 용기를 내어 표현할 수 있지 않을까?

내 생각이나 의견, 감정을 제대로 표현하는 연습을 해 보자. 처음에는 두렵고 서툴더라도 반복하다 보면 익숙해진다. 필요한 건 내 마음의 힘, 용기이다. 어제보다 오늘, 오늘보다 내일 한 발짝만 더 나를 표현하고 앞으로 나아갈 수 있는 용기를 내어 보자.

불안은
어디에서 오는가

흔히 현대 사회를 불안의 시대라고 말한다. 왜 현대인은 이 토록 불안해할까? 이 불안감의 근원은 무엇일까? 바로 두려움이 다. 불안감을 일으키는 본질적인 이유는 생존에 대한 두려움이 다. 아주 먼 고대로부터 인간은 생존에 대한 두려움을 가지고 살 아왔다. 그 두려움은 불안감으로 변형되었다. 고대 사회에서 인 간은 통제할 수 없는 천재지변과 맹수로부터의 위험에 무방비 상 태로 노출되어 있었다. 이웃 부족의 갑작스러운 침범 역시 피할 수 없는 위협이었다.

불안감만이 그 예측할 수 없는 위험에 맞서 무언가를 준비할 수 있는 유일한 수단이었다. 불안감은 언제 어떻게 일어날지 모르는 돌발 상황에 미리 대비할 수 있는 훌륭한 무기가 되어 주었다. 결국 생존에 대한 두려움에서 파생된 불안감은 인간에게 꼭 필요한 감정이었던 것이다. 모든 생명체는 진화 과정 속에서 종족을 유지하는 데 불필요한 것은 버리고, 필요한 것만 후대에 전달한다. 불안감이라는 감정이 아직까지도 인간에게 남아 있다는 것은, 그것이 인류의 생존에 필요했기 때문이다. 두려움과 불안감이라는 감정을 통해 인간은 생존하고 인류 사회는 진화할 수 있었다.

그러나 현대 사회는 예전과는 많이 달라졌다. 물론 새로운 위험 요소들이 나타나기도 했다. 하지만 고대 사회에서 인간의 두려움과 불안감을 유발했던 여러 가지 상황들은 사라지거나 약화되었다. 그런데도 인간은 여전히 두려움과 불안감을 너무나 많이 안고 살아간다. 왜 그럴까? 고대 사회에서의 두려움과 불안감은 단순히 생존을 위한 것이었다. 반면에 현대 사회의 두려움과 불안감은 어떻게 하면 더 잘살 것인가에서 비롯된다.

더 잘산다는 것은 어떤 의미일까? 남들보다 더 많이, 더 빠르게, 더 크게, 더 높게, 더 멋지게, 더 성공하고 싶은 것이다. 적어도 남들보다 뒤처지면 안 된다는 불안감이 사회 전체에 팽배해 있다. 해마다 입시철이면 수능에 대한 압박감으로 생명을 포기하는 학생들이 있다. 심지어 요즘은 이러한 대열에 취준생들도 합류하고 있다. 도전과 열정으로 피어나야 할 청춘들을 벼랑 끝으로 내몬다. 입시생과 고시생들의 전유물이었던 노량진 학원가에도 몇 년 전부터 공무원 준비생들이 대거 합류했다. 그들은 새벽부터 밤늦게까지 좁은 의자에 붙박이처럼 앉아서 입시를 준비하고, 취업을 준비한다. 이 땅의 10대와 20대가 겪는 고달픔과 불안감은 무엇으로부터 야기된 것일까?

불안도 습관이다

현대 사회에서 인간이 느끼는 불안감은 예측할 수 없는 불확실한 미래에 대한 두려움에서 온다. 우리는 미래를 예측할 수 없다. 물론 여러 가지 통계와 논리를 앞세워 일정 부분은 예측이 가능하기도 하다. 하지만 그조차도 예측한 대로 정확히 실현될지 누구도 확신할 수 없다. 이러한 불확실성이 더 큰 두려움과 더 큰 불안을 야기한다.

불안감 또한 '습관'이다. 특정 상황에서 특정 감정이 올라오다 보면, 비슷한 상황에서 항상 같은 감정이 올라온다. 사람이 잘 다니지 않는 산길을 걸어 본 적이 있는가? 어디가 길인지 분간이 되지 않는 나무 덤불 사이로 어설프지만 누군가 지나간 듯 길이 나 있다. 그럼 뒤따르는 사람은 자연히 그 길로 가게 된다. 그러다 보면 어느덧 번듯한 길이 생긴다. 누군가 의지를 가지고 새 길을 만들지 않는 이상 습관적으로 그 길로만 다니게 된다. 감정의 습관도 이와 같다. 주변을 살펴보면 불안을 병처럼 습관적으로 앓고 있는 사람들이 많다.

또 불안감은 전염의 성격도 가지고 있다. 한 사람이 불안해하면 함께 있는 다른 사람도 영향을 받는다. 아마 그런 경험이 있을 것이다. 아무 생각 없이 있는데, 가족이나 지인에게 전화가 와서 받아 보니 이런저런 것들에 대해 불안해한다. 게다가 그 불안에 대한 사회적 분위기와 타당성까지 갖추어 말하면 어느 순간 나도 불안해진다. 이때 내가 가진 긍정 에너지가 상대방의 불안 에너지보다 크다면 흔들리지 않을 수 있다. 하지만 나의 긍정 에너지보다 상대의 불안 에너지가 더 크다면 함께 불안감에 휩싸일 수 있다.

자신의 불안 습관에 대해 깊이 탐색해 보자.

'나는 하루에 얼마나 자주 불안해하는가?'
'나는 주로 어떤 일에 대해 불안해하는가?'

'나의 불안 습관은 언제부터 형성되었나?'

'내 주변에서 나에게 불안 습관이 생기도록 영향을 준 사람이 있다면 누구인가?'

'나는 나의 불안감을 주로 누구에게 전달하는가?'

'나의 불안감은 내 생활에 어떤 영향을 미치는가?'

'불안감을 느낄 때 나는 어떤 반응을 보이는가?'

'내가 불안해하는 일이 실제로 일어날 확률은 얼마나 될까?'

'불안감에서 벗어날 수 있는 나만의 방법이 있다면 어떤 것일까?'

꼼꼼히 탐색해 나가다 보면 뿌연 안개 속에 가려져 명확하지 않던 불안의 실체가 서서히 형체를 드러낼 것이다. 내가 주로 어떤 일에 불안해하는지 살펴보면 계기가 있다. 내 불안감의 뿌리가 무엇인지 아는 순간 많은 것이 해결되기 시작한다. 불안감의 원인이 하나의 사건이나 상황이 아니라 사람일 수도 있다. 그 사람만 생각하면 심장이 쿵쾅거리고 불안해지는 사람도 있다. 또 끊임없이 나의 불안한 심리를 조장하고 부추기는 누군가가 내 주변에 있을 수도 있다. 그리고 어쩌면 나 역시 내가 느끼는 불안감을 혼자 감당하지 못하고, 주변의 누군가에게 전달하고 있을지도 모른다. 이런 모든 것들에 대해서 깊이 생각해 보라.

불안 습관을 고치기 위해서는 꾸준한 노력이 필요하다. 하지만 문제의 핵심과 원인을 먼저 파악해야 노력의 효과가 배가된다. 심리적인 모든 문제는 단순한 노력보다 이해를 통해서 해결된다. 반복되는 불안 패턴의 원인에 대해 알아차렸다면, 이러한 불안감이 내 삶에 끼치는 영향에 대해 생각해 보자. 긍정적인 영향보다 부정적인 영향이 더 많을 것이다. 그렇다면 이제 그 불안감에서 벗어날 수 있는 나만의 구체적인 방법을 찾아서 연습해 보자. 어느 순간 더 이상 불안해하지 않는 자신을 발견하게 될 것이다.

삶 속에 흐르는 불안감을 내려놓고 싶다면 삶을 신뢰해야 한다. 삶을 신뢰한다는 건 삶에서 일어나는 모든 일에 '예스'라고 말하는 것이다. 그것이 아무리 불확실하고 절망적으로 보이는 일일지라도 그 모든 것을 허용하는 것이다. 지금 이 순간 내 삶에 일어나는 모든 일이 옳음을 믿어야 한다. 마땅히 일어나야 할 일이 일어났고, 일어나고 있고, 일어날 것임을 신뢰해야 한다. 인간의 내면에 잠재되어 있는 근원적인 두려움과 불안감을 놓아 버릴 수 있다면, 우리는 더 행복하고 충만한 삶을 살 수 있다.

나는 왜 사소한 일에
화가 나는가

우리 집 근처에 산이 하나 있다. 너무 높지도 낮지도 않아서 운동 삼아 산책하기에 아주 좋은 코스다. 다소 느린 내 걸음으로 한 바퀴를 도는 데 1시간 20분쯤 소요된다. 햇살이 따스한 날 새소리를 들으며 청설모가 기웃거리는 흙길을 걷고 있노라면 마음이 박하 향처럼 청량해진다.

그날도 혼자 흙으로 다져진 오솔길을 걷고 있었다. 어느 순간 30대쯤 되어 보이는 젊은 새댁이 핸드폰으로 신나는 노래를 들으며 흥겹게 옆에서 발걸음을 옮기고 있었다. 잠시 후 70대쯤 되어 보이는 할머니가 어디선가 합류하여 같은 방향으로 걷게 되었다. 거기까지는 괜찮았다. 그런데 갑자기 옆에서 걷던 할머니가 새댁에게 화를 내며 버럭 소리를 지른다.

"아니, 산에서 누가 그렇게 음악을 크게 틀어 놓으래? 시끄럽잖아."

마음에 들지 않으면 걸음걸이 속도를 조금 빠르게 혹은 느리게 조절하여 새댁과 간격을 두고 걸으면 될 텐데, 버럭 소리부터 지른다. 한편 새댁의 반응도 만만치 않았다. 대개 할머니의 말이 불쾌해도 그냥 조용히 볼륨을 줄일 텐데, 젊은 세대여서인지 조금의 망설임도 없이 바로 큰소리로 대거리한다.

"아니, 듣기 싫으면 할머니가 그냥 지나쳐서 먼저 가면 되지. 왜 이래라 저래라 하는 거예요?"

둘 중 누구도 한 치의 양보 없이 싸우기 시작한다. 기어이 좁은 오솔길에서 앞서거니 뒤서거니 하며 점점 소리를 높여 험한 말까지 오간다. 마치 경쟁이라도 붙은 듯 걷는 속도까지 맞추어 가며 자존심 싸움을 하면서 자신의 말이 옳다고 주장한다.

물론 천천히 산책하듯이 걷는 나는 당연히 그들에게서 점점 거리가 멀어지고, 소란스러움에서 빠져나와 다시 고요를 즐길 수 있었다. 그러면서 생각해 보았다. 무엇이 저들을 저렇게 화나게 했을까? 만일 할머니가 좀 더 상냥하게 음악 소리를 줄이자고 했으면 새댁의 반응이 달랐을까? 모르겠다. 단지 분명한 사실은 아주 사소한 일에도 우리는 화를 잘 낸다는 사실이다.

왜 화가 났을까? 물론 그전에 다른 일로 어느 정도 기분이 나쁜 상태였을 수도 있다. 하지만 근본적인 이유는 서로 원하는 것이 다르기 때문이다.

할머니는 조용하게 숲길을 걷고 싶었고, 새댁은 신나고 활기차게 음악을 들으며 숲길을 걷고 싶었다. 그런데 내가 원하는 대로 되지 않으니 화가 나는 것이다. 누가 옳고 그르냐의 문제가 아니다. 원하는 것이 다르다는 게 핵심이다.

사람은 누구나 각자 원하는 바가 다르다. 이러한 사실을 이해하면 화로 가는 감정의 에너지가 줄어든다. 그런데 여기에서 갈등이 생기는 이유는 자신이 원하는 것만 옳다고 생각하고 주장하기 때문이다.

누군가는 숲길을 걸을 때 조용하게 다른 사람에게 방해가 되지 않게 행동하는 것이 옳다고 생각한다. 또 누군가는 운동은 당연히 활기차게 해야 건강에 좋다고 생각한다. 어느 쪽도 절대적인 진리는 아니다. 그저 원하는 것이 다르고, 옳다고 생각하는 것이 다를 뿐이다. 상대가 원하는 것을 인정하지 않고 내 요구만 들으라는 식의 생각과 말이 싸움을 만든다. 주위를 둘러보라. 사소한 일에도 얼굴을 붉히고 싸움으로 번지는 경우가 점점 더 많아지는 것 같지 않은가?

옳고 그름에 대한 견해는 제각각

수영장에 갔을 때의 일이다. 시작 타임이 정해져 있으니 출입구에 동시에 사람이 몰릴 때가 있다. 신발을 벗을 때 사용하도록 깔아놓은 발판은 좁은데 사람은 많아 붐비기 일쑤다. 입구가 복잡하니 누군가 발판을 사용하지 않고 현관 바닥에서 신발을 벗었다. 그 상황을 본 누군가가 대뜸 화를 낸다.

"아니, 거기에서 신발을 벗으면 어떻게 해요? 그렇게 바닥을 밟은 발로 들어오면 탈의실 바닥이 더러워지잖아요. 수영장 물도 더러워지고……. 함께 사용하는 공공장소인데 그런 걸 안 지키면 어떻게 해요? 왜 사람들이 이렇게 자기 생각밖에 못 하고 이기적이야?"

듣는 사람은 기분이 안 좋았음직도 한데 별 반응 없이 그냥 들어간다. 큰 싸움으로 번지지 않았으니 다행이다. 그런데 정말 아이러니한 일이 수영을 마치고 나올 때 일어났다. 역시나 한꺼번에 몰려나오니 현관이 복잡하다. 복잡한 와중에 한 명이 발에 흙을 묻히지 않으려고 발판을 벗어나지 않고 신발을 갈아 신고 있었다. 그런데 겨울 신발이라 그런지 시간이 좀 오래 걸렸다. 입구를 막고 있으니 뒷사람이 나오기 힘든 상황이다. 그 잠시를 참지 못하고 뒤에서 누군가 대뜸 소리를 지른다.

"아니, 사람이 이렇게 많고 복잡한데 발판 위에서 입구를 막고 신발을 신으면 어떡해요? 신발을 들고 저쪽으로 좀 멀리 가서 신으면 되지. 사람들이 어떻게 이렇게 자기 생각만 하는 거야? 다른 사람 생각도 하면서 살아야지."

역시나 이번 사람도 큰 반응 없이 비켜준다. 얼굴 붉히고 다투는 일 없이 조용히 지나갔으니 다행이다. 하지만 참 아이러니하다. 들어갈 때 화를 낸 사람이랑 나올 때 화를 낸 사람은 물론 전혀 다른 사람이다. 그런데 가만히 들어보면 둘 다 상대가 이기적이라고 생각하고 화를 내는 것이다. 들어갈 때 화가 나서 큰 소리를 낸 사람은 바닥에서 신발을 벗는 사람에게 공공의 청결을 생각하지 않고 이기적으로 행동한다고 화를 냈다. 나올 때 화를 낸 사람은 청결을 위해 발판을 사용하는 사람에게 뒷사람의 기다림을 생각하지 않는 이기적인 행동이라고 화를 냈다.

과연 어떤 것이 이기적인 행동이고, 어떤 것이 옳은 것인가? 옳고 그름을 판단하기는 어렵다. 이기적인 행동에 대한 기준이 제각기 다르듯이 옳고 그름에 대한 견해도 모두 다르다. 그런데 갈등이 생기고 다툼이 생기는 이유는 자신의 견해만 옳다고 주장하기 때문이다. 우리는 모두 다른 가치관을 가지고 살아간다. 사람에 따라 더 중요한 것과 덜 중요한 것의 우선순위가 다르다. 누군가는 잠시의 기다림보다 청결 유지가 더 중요하고 옳다고 느낀다. 공공장소의 청결을 생각하며 행동하는 것이 다른 사람을 배려하는 행동이라고 생각한다. 또 누군가는 청결보다 다른 사람이 기다리지 않도록 배려하는 것이 이기적이지 않은 행동이라고 느낀다.

여기에서 문제가 발생한다. 우리는 누구나 자신이 옳다고 생각하는 방식대로 살고자 하기 때문이다. 내가 사소한 일로 누군가와 부딪치고 있다면 한번 생각해 볼 일이다. 무엇이 나를 화나게 하는 걸까? 결국 내가 원하는 대로 상황이 흘러가지 않을 때, 우리는 화가 난다. 그렇다면 반드시 내가 원하는 것이 옳은 것일까? 저 사람이 나와 다른 것을 원하고 있다는 사실이 나쁜 걸까? 나는 이런 행동과 이런 상황을 원하는데, 저 사람이 저런 행동과 저런 상황을 원한다고 해서 틀린 걸까? 그로 인해 내가 화를 내는 것이 올바른 행동일까? 이렇게 곰곰이 생각해 보면 반드시 나의 화가 옳지만은 않다는 생각이 든다.

사람은 누구나 원하는 것이 다르고, 삶에서 우선시하는 가치가 다르다. 나는 이런 가치를 더 중요하게 생각하지만 다른 누군가는 다른 가치를 더 우선시할 수도 있다. 이렇게 사람마다 다를 수 있음을 이해하고 인정하는 것이 중요하다. 그러면 사소한 일에 불쑥불쑥 올라오는 화가 조금은 누그러질 것이다.

모든 감정의 이면에
두려움이 있다

인간은 다양한 감정을 느끼며 살아간다. 그중에는 긍정적인 감정도 있고, 부정적인 감정도 있다. 우리가 살아가는 데 용기와 기쁨을 주는 감정들을 긍정적인 감정이라고 한다면, 좌절과 슬픔을 주는 감정들은 부정적인 감정이라고 할 수 있다.

긍정적이라고 일컬어지는 감정을 느낄 때, 우리는 행복하다고 말한다. 누구나 더 많은 순간 더 많은 행복을 느끼며 살아가고 싶어 한다. 더 좋은 감정을 느끼며 살고 싶어 한다. 그런데도 왜 우리는 부정적인 감정에서 벗어나지 못하는 걸까? 떨쳐버리고 싶어도 떨쳐버리지 못하게 우리를 붙잡고 있는 근본 감정은 무엇일까? 모든 부정적인 감정들의 뿌리가 되는 감정은 무엇일까? 두려움이다. 두려움은 부정적 감정들의 가장 밑바닥에서 거부하기 힘든 강력한 힘으로 우리를 움켜잡고 있다.

과연 무엇에 대한 두려움일까? 바로 죽음에 대한 두려움이다. 인간은 본능적으로 죽음을 두려워한다. 왜 죽음을 두려워하는 걸까? 모든 생명을 가진 존재의 일차적 욕구는 생존이기 때문이다. 죽음은 내가 생각하는 '나'라는 존재가 사라지는 순간이다. 생존에 대한 욕구는 신체 안전에 대한 욕구로 드러난다. 왜냐하면 인간이 생각하는 죽음이란 육체의 죽음이기 때문이다. 육체가 그 기능을 멈추는 순간을 우리는 죽음이라고 정의한다. 그래서 우리는 신체의 안전을 가장 우선시한다.

신체 안전에 대한 욕구는 음식에 대한 욕구와 신체 안녕에 대한 욕구로 나눌 수 있다. 모든 욕구는 두려움으로 이어진다. 음식에 대한 욕구는 음식이 없을 때 생존할 수 없다는 공포로 이어지고, 이것은 빈곤에 대한 두려움으로 이어진다. 또한 신체 안녕에 대한 욕구는 신체에 가해지는 공격과 폭력, 예기치 못한 사고, 질병에 대한 두려움을 야기한다.

아이들이 어렸을 때, 꽤 오랫동안 죽음에 대한 두려움에 휩싸인 적이 있다. 일곱 살, 두 살, 한 살인 세 아이 앞에서 죽음은 생각조차 하기 싫은 끔찍함으로 다가왔다. 죽음과 질병이 그토록 두려웠던 가장 큰 이유는 남겨질 아이들의 생존이 걱정되어서였다. 딱히 주변에 도와줄 사람도 없고, 키워 줄 사람도 없는 현실 속에서 나 혹은 남편이 갑자기 떠난다면 아이들은 어떻게 될 것인가? 급기야 이웃에서 평소 건강하던 큰아이 친구 아빠가 어느 날 밤 갑자기 심장마비로 세상을 떠났다. 그 전날까지도 우리 집에서 재미있게 놀다 간 큰아이 친구가, 다음 날 갑자기 아빠 없는 아이가 되었다. 이 일은 나에게 죽음에 대한 극도의 공포심을 가져다주었다.

그러면서 삶과 죽음에 대해 깊이 생각해 보는 계기가 되었다. 어릴 적 일이 떠올랐다. 옆집에 살던 스무 살쯤 된 언니가 어느 날 갑자기 연탄가스로 죽었다. 사고사였다. 40년쯤 전이니 거의 대부분의 집에서 연탄으로 난방을 하던 시절이다. 그로부터 꼭 1년이 지나 그 언니의 제삿날이 되었다. 그런데 제사를 지내러 가려고 준비를 하던 남동생이 주차를 하려고 후진하던 차에 치여 그 자리에서 숨졌다. 1년 차이로 같은 날 딸과 아들을 잃은 그 엄마의 심정을 감히 짐작이나 할 수 있을까?

결국 이러한 일들을 떠올리면서 내가 알게 된 건, 삶과 죽음은 인간의 능력으로 예측할 수 없다는 거였다. 나이 순으로 가는 것도 아니고, 오랜 기간 앓고 있는 병이 있다고 더 일찍 가는 것도 아니다. 삶과 죽음은 인간이 관장할 수 있는 영역이 아니다.

욕구와 두려움은 동전의 양면

그렇다면 우리는 어떻게 살아야 할까? 매 순간 오늘이 전부인 듯이 살아야 한다. 더 많이 사랑하고, 더 많이 웃고, 더 많이 노래하고, 더 많이 춤추고, 더 많이 행복해하며 살아야 한다. 당신이 떠난 후 당신의 아이들이 걱정된다면, 지금 이 순간 한 번 더 눈맞추고, 한 번 더 안아 줘라. 한 번 더 따뜻한 밥을 함께 먹고, 한 번 더 함께 여행을 떠나고, 한 번 더 함께 웃고, 한 번 더 사랑한다고 말하라. 어느 날 갑자기 당신이 떠난다고 해도 그 사랑의 힘으로 아이들이 당당하게 자신의 삶을 살아갈 수 있도록.

그리고 믿어야 한다. 당신의 삶과 아이의 삶을 절대적인 믿음으로 신뢰해야 한다. 결국 나는 나의 삶을 살 것이고, 아이는 아이의 삶을 살 것이다. 당신이 삶을 온전히 신뢰할 때, 당신의 삶에서 두려움은 사라질 것이다.

이렇게 욕구와 두려움은 동전의 양면처럼 공존한다. 음식과 신체 안녕에 대한 욕구가 충족되면 사랑받고 싶은 욕구, 인정받고 싶은 욕구가 나타난다. 왜냐하면 우리가 힘이 약한 어린아이일 때, 부모로부터의 사랑은 나의 생존을 결정하기 때문이다.

나를 보호하고 양육할 누군가로부터 얼마나 인정받느냐에 따라 삶의 질이 달라진다. 그래서 우리는 더 많이 사랑받고 싶어

하고, 더 많이 인정받고 싶어 한다. 가슴 밑바닥에 사랑받지 못하고 인정받지 못함에 대한 두려움이 깔려 있기 때문이다. 사랑받고 싶은 욕구, 인정받고 싶은 욕구에 내재되어 있는 두려움에서, 질투와 경쟁심과 열등감과 우월감이 형성된다.

하지만 이제 우리는 더 이상 어린아이가 아니다. 누군가의 인정이 없어도 당당하게 살아갈 수 있는 나이다. 물론 더 많이 사랑받고, 더 많이 인정받는다면 더 기쁘고 행복하다. 그렇지만 한 인간의 존재 의미가 누군가의 사랑과 누군가의 인정에 좌우된다면, 심리적으로 구속될 수밖에 없다. 사랑받고 싶은 욕구, 인정받고 싶은 욕구를 내려놓을 수 있다면 인간은 훨씬 더 가벼워진다.

다음으로 나타나는 욕구는 자유롭고 싶은 욕구이다. 인간은 누구나 자유롭고 싶어 한다. 인간이 추구하는 가장 큰 가치는 행복이고, 자유로울 때 행복하기 때문이다. 자유로움에 대한 욕구는 자유를 구속받는 것에 대한 두려움과 공존한다. 또 자유롭고 싶은 욕구는 통제하고 싶은 욕구로 변형된다.

자신과 다른 사람 그리고 주변에서 일어나는 여러 상황을 내가 원하는 대로 통제하고 싶은 것이다. 반면 통제하고 싶은 욕구는 통제당하는 것에 대한 거부감과 두려움을 일으키기도 한다. 누군가로부터 통제를 당한다는 것은 나의 자유로움을 잃는 것이기 때문이다.

사춘기 아이들에게 나타나는 극심한 반항이 여기에 해당된다. 신체 안전에 대한 욕구와 인정받고 싶은 욕구를 넘어 이제 자유롭고 싶은 욕구를 충족해야 하기 때문이다. 자신은 자유롭고 싶은데 부모와 선생님으로부터 여러 가지 구속과 통제를 받게 되니 벗어나고 싶은 것이다. 자연스러운 현상이고 올바른 성장 리듬이다. 이러한 것을 안다면 사춘기 아이들의 반항을 독립적인 어른으로 성장해 나가는 자연스러운 단계로 받아들일 수 있다. 더 나아가 내 아이의 성장에 대견한 마음을 가지고 응원하며 바라볼 수 있다.

인간은 이렇듯 생존에 대한 욕구와 죽음에 대한 두려움을 본능적으로 가지고 살아간다. 그 두려움 때문에 현재를 충분히 즐기며 살기가 어렵다. 죽음에 대한 두려움을 내려놓을 수 있다면, 현재를 더 충만하게 살 수 있을 것이다.

현재를 충만하게 산다면 죽음의 순간이 다가올 때, 미소 지으며 삶에 안녕을 고할 수 있다. 우리가 죽음을 선뜻 받아들일 수 없는 이유는 삶을 충분히 살지 못했기 때문이다. 제대로 사랑하지 못했고 제대로 사랑받지 못했는데, 어느 순간 죽음이 온다. 두려움 때문에 늘 삶의 기쁨을 놓쳤고 삶을 충분히 살지 못했는데, 어느새 죽음이 다가온다. 받아들이고 싶지 않다. 인정할 수 없다. 그러니 삶을 온전히 신뢰하고, 모든 두려움을 내려놓아라. '지금 이 순간'을 충분히 사랑하고 충만하게 느끼며 살아라. 그렇다면 죽음의 순간이 다가올 때 웃으며 떠날 수 있을 것이다.

열등감의
씨앗

　어린 시절 나는 작은 키에 새까만 피부를 가진 예민하고 까칠한 성격의 아이였다. 네 살 터울인 여동생은 나보다 크고 균형 잡힌 몸매에 뽀얀 피부, 무던한 성품을 지닌 아이였다. 누가 보아도 나보다 동생이 더 사랑스러웠다. 그러니 자라는 내내 노골적으로 혹은 은근히 비교당하며 자랐다. 아버지는 6남매의 장남이었고, 명절 때마다 우리 집에는 친가와 외가의 손님이 끊이지 않았다. 명절뿐만 아니라 평소에도 거의 하루도 빠짐없이 들락거리는 손님이 많은 집이었다. 거의 대부분 친척과 손님들이 인사를 하는 나와 동생을 번갈아 본다. 그러고는 동생에게 감탄의 눈길을 주며 이렇게 말한다.

"이 애는 시골 애답지 않게 뽀얗고 부티가 나네."

"성격이 좋아서 어딜 가도 사랑받을 거야."

좀 더 노골적인 사람은 이렇게 말한다.

"언니는 촌티가 나는데, 얘는 완전히 분위기가 다르네. 세련됐어."

물론 나에게 대놓고 뭐라고 하거나 비난을 한 것은 아니다. 단지 동생만 칭찬했을 뿐이다. 하지만 바보가 아닌 다음에야 그러한 말 속에 담긴 숨은 의미를 알아채지 못할 리가 없지 않은가? 그 말들은 나에게 이렇게 들렸다.

"동생은 도시 애처럼 부티가 나고 예쁜데, 언니는 참 못 생겼네."

"동생은 성격이 좋아 보이는데, 언니는 참 까다롭고 까칠해 보이네."

"동생은 참 세련된 분위기를 풍기는데, 언니는 촌스럽네."

물론 모두 맞는 말이다. 그들은 그냥 보이는 대로 느껴지는 대로 솔직하게 표현했을 뿐이다. 하지만 외모나 성격을 내가 선택해서 태어난 건 아니지 않은가? 나 역시 더 예쁘고 더 고운 피부에 더 큰 키, 더 세련된 분위기, 더 사랑스럽고 부드러운 성격을 가지고 싶다. 내 입장에서는 억울하다. 물론 그 당시에는 어려서 억울하다는 생각조차 못 했다. 그냥 '나라는 사람은 그렇구나' 하며 받아들였을 뿐이다.

여기에 위험이 있다. 우리는 어린 시절 나에 대한 다른 사람의 평가를 들으며 자아상을 확립한다. 특히 나와 밀접한 관계가 있는 양육자인 부모의 평가는, 아이가 스스로에 대한 자아상을 확립하는 데 지대한 영향을 미친다. 어린 시절 확립된 자아상은 잘못 형성된 자아상이라는 스스로의 자각 없이는 평생을 갈 수도 있다.

위와 같은 말을 10년, 20년 반복적으로 듣고 자란 나와 동생은 어떻게 되었을까? 나는 점점 더 위축되고 자신감 없는 아이로 자란 반면 동생은 더 사랑스럽고 자신감 있는 아이로 성장했다. 그러자 어느 날 엄마는 내게 이렇게 말했다.

"넌 왜 그렇게 매사 자신감이 없니? 동생을 봐라. 자신감이 있으니까 보기 좋잖아. 너도 자신감을 가져."

물론 엄마는 나를 좀 더 자신감 있는 아이로 키우고 싶어서 그리 말했을 것이다. 하지만 이 말 속에는 나라는 사람에 대해 엄마가 어떻게 생각하고 있는지가 잘 드러난다. 엄마는 나를 자신감이 부족한 아이로 규정하고 있고, 그러한 엄마의 생각은 나에게 그대로 전달된다. 엄마의 말을 들으면서 나는 무의식적으로 이런 생각을 하게 된다.

'아! 나는 자신감이 부족한 아이구나.'

스스로를 자신감이 부족한 아이라고 규정짓게 되고, 자신감이 부족한 아이로 행동하게 된다. 점점 더 행동이 위축되고 자신감 있는 행동을 못 하게 되는 것이다.

"너는 키가 작고 세련된 편이 아니니, 이 옷 말고 저 옷을 입어. 얼른 갈아입어라."

이 역시 딸이 다른 사람들에게 좀 더 예뻐 보이기를 바라는 엄마의 마음이다. 하지만 이 말 역시 10년, 20년 반복적으로 듣게 되면 자신의 모든 선택에 대해서 자신감이 없어진다.

'아! 나는 예쁘지도 않고, 세련되지도 못한 아이구나.'

어쩌다 내가 입고 싶고 좋아하는 옷을 입었는데, 그때마다 이런 말을 들으면 어느 순간 결정 장애의 태도가 나타난다. 더구나 엄마의 말을 거스르기 어려운 어린아이일 경우 그냥 자신의 의견을 포기하고 엄마의 결정에 의존하게 된다. 어차피 내 마음에 드는 옷을 골라도 결국에는 엄마 마음에 드는 옷을 사게 되니 선택을 포기하게 되는 것이다. 그러면서 스스로가 원하는 것이 무엇인지 판단하지 못하는 아이로 자라난다. 내면에 이런 자아상이 확립되면 어른이 돼서도 스스로 결정하지 못하고, 남의 생각에 의존하는 특성을 띠게 된다.

다른 사람과의 비교에서 나온 생각

가끔 열등감은 무언가에 도전하게 하는 원동력이 되기도 하지만 성장을 막는 걸림돌이 되기도 한다. 또 열등감이 지나친 질투와 경쟁심 혹은 원망으로 이어질 때는 더 파괴적인 결과를 낳기도 한다. 다행히 나에게 열등감은 그저 나를 좀 더 위축되고 소심하게 했을 뿐, 질투심이나 경쟁심이나 원망으로 발전하지는 않았다. 감사한 일이다. 하지만 질투심이나 경쟁심, 혹은 원망으로 마음이 힘들다면 그 안에 열등감이 자리 잡고 있는 건 아닌지 자세히 살펴볼 일이다.

우월감 역시 마찬가지다. 대다수의 사람들이 어느 정도의 열등감을 가지고 살아가는 것처럼 우월감도 가지고 살아간다. 우월감은 이러한 내면의 생각으로 표현된다.

'내가 이런 점에서 좀 부족하기는 하지만, 그래도 너보다는 낫지.'

'나도 부족한 점이 있기는 하지만, 그래도 그 사람보다는 나은 사람이야.'

'잘 살펴봐. 나만 한 사람도 많지 않아. 그래도 여기 있는 사람 중에서 내가 제일 괜찮은 사람일걸.'

이런 생각을 말로 표현하는 사람도 있고, 그렇지 않은 사람도 있다. 하지만 표현하든 하지 않든 마찬가지다. 중요한 건 대부분의 사람들이 이러한 은밀한 우월감을 내면에 가지고 살아간다는 점이다. '적어도 내가 너보다는 낫다'는 생각 역시 비교를 통해 나온다. 다른 사람과 비교하는 마음에서 열등감이 형성되듯이, 이렇게 비교하는 마음에서 우월감이 형성된다. 결국 열등감과 우월감은 그 뿌리가 같다.

내 안에 똬리를 틀고 있는 열등감과 우월감을 발견한다면 그 원인이 무엇이든 이제 정리를 해야 할 때다. 대다수의 열등감과 우월감이 어린 시절에 다른 사람과의 비교를 통해 형성되지만, 이제 그 감정을 알아채고 정리해야 하는 것은 오로지 스스로의 몫이다. 왜냐하면 내 인생은 나의 책임이기 때문이다. 내 삶에 대한 책임이 나에게 있듯이 내 감정에 대한 책임도 내 몫이다. 자신의 감정에 대해 어떤 핑계도 없이 온전히 책임질 수 있을 때, 우리는 더 행복한 삶을 살 수 있다.

자기 통제,
스스로가 만든 감옥

내가 가장 좋아하는 일 중의 하나는 커다란 나무와 하늘이 보이는 곳에 앉아서 책을 읽는 것이다. 이사를 할 때도 가장 우선적으로 고려하는 것이 큰 창문과 창문 밖으로 보이는 자연 풍경이다. 하늘과 바다, 들판이나 숲을 보고 있노라면 절로 마음이 편안해지고 부드러워진다. 특히 햇살에 반짝이며 바람에 살랑살랑 흔들리는 나뭇잎을 보고 있노라면 가슴 밑바닥에서부터 행복감이 차오른다.

나무 중에서도 자연스럽게 자란 나무와 인공적으로 조경을 한 정원수는 또 다른 느낌이다. 사람에 따라 다르겠지만 나는 인공적으로 잘 다듬어진 나무는 그리 좋아하지 않는다. 뭔가 잘려 나가고 통제된 느낌이 들기 때문이다. 좀 비뚤비뚤해도 자연적으로 자란 나무에서 느껴지는 에너지가 훨씬 생동감 있고 편안하다. 크든 작든 그 모양이 곧든 비뚤거리든 자연스럽게 자란 나무에서는 자연스런 에너지의 흐름이 느껴진다. 이러한 에너지는 그 자체만으로 지치고 고단한 내 내면을 부드럽게 어루만지는 효과가 있다. 오랜 세월 연륜을 자랑하면서 자란 고목에서는 그 세월의 깊이와 함께 거대한 에너지가 느껴지고, 작지만 소박한 나무에서는 풀잎처럼 여리고 신선한 에너지가 느껴진다. 나는 이렇듯 자연이 뿜어내는 에너지를 사랑한다.

사람도 마찬가지다. 사람도 자연의 일부이다. 너무 통제되고 제약이 많은 사람은 답답하고 힘든 느낌이 든다. 스스로를 통제하려고 애쓸 때, 자신의 내면에 흐르는 에너지가 억압되고 막히기 때문이다. 모든 것은 흘러야 한다. 흐르지 못하고 막히면 문제가 생긴다. 하수구도 보일러도 막히면 문제가 생기듯이 살아가면서 겪는 많은 문제들이 흐르지 못하고 막히는 데서 발생한다. 사람과 사람 사이의 대화가 막히면 소통이 어려워진다. 체내 순환의 흐름이 막혀서 원활하지 못하면 몸에 병이 생긴다. 자신을 통제하려는 행동은 자신의 흐름을 막는 것과 같다. 스스로에 대한 지나친 통제는 스트레스를 유발한다. 마음의 스트레스는 당연히 몸의 불균형으로 이어져서 여러 가지 병의 원인이 된다. 자신에 대한 통제는 크게 세 가지로 나눌 수 있다.

첫째, 행동에 대한 통제
둘째, 생각에 대한 통제
셋째, 감정에 대한 통제

괜찮아, 너무 애쓰지 않아도 돼

나는 대학을 졸업할 무렵부터 약 10여 년간 아이들을 가르쳤다. 오전에는 유치원식 미술학원을 운영하고 오후에는 일반 미술학원을 운영하였다. 첫아이를 출산하고 몇 년 후부터는 학원 운영을 그만두고 학교 방과 후 수업만 짬짬이 하면서 아이를 키웠다. 이렇게 오랜 기간 수업을 하다 보니 네 살가량의 아이들부터 입시생까지 정말 다양한 아이들을 만났다. 하지만 시각 장애가 있는 셋째 아이가 태어난 후에는 모든 일을 접고 오로지 육아에만 전념했다.

그렇게 10여 년이 흐르고 막내아들이 초등학교 고학년이 되자, 이제 내 인생의 2막을 준비해야겠다는 생각이 들었다. 당장은 못 하더라도 조금씩 준비해서 아이가 중학교에 입학하면 일할 계획이었다. 이제까지 아이들을 가르치는 일을 해 왔다면, 이제부터는 성인 대상 강의를 하고 싶었다. 아이들을 키우면서 겪었던 많은 경험들과 녹록지 않은 삶을 살아오면서 배운 다양한 경험들을 함께 나누고 싶었다.

부지런히 강의를 찾아 듣고 공부하고 자격증 준비를 했다. 그런데 수료 과정이 다 끝나자 실전 강의에 나가기 전에 강의 리허설이라는 것을 통과해야 했다. 내게는 새로운 문화였다. 내가 오래전 교육 활동을 했을 때는 강의 리허설이 따로 없었기 때문이다. 생전 처음 강의 리허설이라는 것을 해 봤다. 너무 어색했다. 그동안 수업은 수없이 많이 진행해 봤지만, 수업도 아닌데 수업인 듯 진행하는 방식은 낯설고 어색했다. 일단 앞에 앉은 사람들이 교육 대상이 아니지 않은가. 교육 대상이라고 가정하고 진행하려니 어색하고 어설펐다. 자신에게 어색함과 어설픔이 느껴지니 당황하게 되고, 당황하게 되니 떨린다. 긴장되고 떨리니 더 당황스럽고 그러니 더 떨리는 악순환이 벌어졌다.

어느 순간 내 행동과 생각, 감정 모두가 내 통제 범위를 벗어난 느낌이다. 이 첫 리허설은 나에게 굉장한 충격과 트라우마를 안겨 주었다. 10년 이상 가르치는 것을 업으로 해왔는데 생전 처음 해 보는 사람처럼 긴장하고 떨다니, 너무 창피했다. 그 이후 한 동안 무대 울렁증이 나를 괴롭혔다. 이러한 과정을 거치며 깨달은 것이 있다. 자신을 통제하려고 욕심을 부리면 부릴수록 더 힘들어진다는 것이다. 떨림이 시작될 때 '떨면 안 돼. 떨지 마'라는 생각은 나를 더 긴장하게 하고, 그 긴장감은 더 큰 떨림으로 변한다. 이제 나는 떨림이 올 때 나 자신에게 이렇게 말한다.

"떨리는구나. 괜찮아. 잘하려고 애쓰지 않아도 돼."

긴장하고 떨고 있는 나 자신을 거부하지 않고 허용하며 받아들일 때, 떨림의 에너지는 잠시 머물다가 조용히 사라진다. 그러한 에너지를 거부하고 억지로 막고 누르려 할 때, 억압된 에너지는 더 큰 반동으로 표출된다. 자신에 대한 통제 심리가 강한 사람은 주변 사람들에 대한 통제 심리도 강하다. 통제 성향이 강한 엄마는 아이를 양육할 때도 아이에게 과다한 통제력을 발휘하려고 한다.

큰아이가 어렸을 때 일이다. 한동안 눈 깜박임이 너무 잦고 부자연스러웠다. 요즘 아이들에게 많은 문제가 되는 틱 현상이 나타난 것이다. 집에 다니러 오신 부모님들이 한마디씩 하신다.

"쟤는 왜 저렇게 이상하게 눈을 깜박이니? 아무래도 안 되겠다. 더 고치기 힘들어지기 전에 병원 데리고 가서 치료받아라."

"아직도 병원에 안 데리고 갔니? 빨리 병원 가서 검사받으라니까."

주변에서 이런저런 말을 듣게 되면 아이도 힘들어지지만 엄마도 피곤해진다. 병원을 가든 안 가든 이런저런 설명과 해명을 해야 된다. 하지만 나는 병원을 안 가고 버틴다. 병원을 안 가는 이유는 단순하다.

일곱 살 아이를 병원에 데리고 가기 위해서는 두 살, 한 살 동생을 함께 데리고 가야 한다. 아무도 돌봐줄 사람이 없는 상황에서 몇 시간이 걸릴지도 모르는데, 어린아이 둘 만 집에 두고 갈 수는 없지 않은가. 가까스로 세 아이를 데리고 병원에 간다고 치자. 그다음은 수속과 대기실에서의 일이 난감하다. 두 살, 한 살 아이들이 얼마나 제어하기 힘들고, 돌보기 힘든지 아이를 키워본 엄마들이라면 짐작이 갈 것이다. 그야말로 전쟁터의 상황이 연출된다.

이런 이유로 웬만해서는 병원에 안 가게 되었다. 대신에 여러 가지 병의 원인이나 대체의학을 스스로 공부하게 되었다. 가만히 아이들을 들여다보며 원인이 뭘까 고민하다 보면 서서히 답이 보였기 때문이다. 처음 한 달쯤은 아이에게 그러지 말라고 주의를 줬다. 부자연스럽게 눈을 깜박거리는 행동을 할 때마다 지적을 했다. 그런데 아이의 틱 현상은 나아지기는커녕 점점 더 심해졌다. 어느 순간 이런 생각이 들었다.

'혹시 아이의 행동을 통제하려는 마음이 아이를 더 긴장하게 하는 건 아닐까?'

그 후로 아이가 그런 행동을 보일 때마다 아무 말 하지 않으려고 마음을 다잡았다. 처음에는 밖으로 표현하지는 않았지만 자꾸 눈에 거슬린다. 거슬리니 생각하게 된다. 생각하니 불편한 감정이 들고 불안해진다. 하지만 아이의 행동을 통제하고 싶은 욕구가 올라올 때마다 그 마음을 내려놓는 연습을 했다. 그러자 어느 순간 그쪽으로 가던 생각의 에너지가 서서히 사라져 갔다. 그쪽을 향하던 생각의 에너지가 힘을 잃으니, 불편한 감정도 저절로 사라졌다. 아이의 행동에 대해 통제하고자 하는 욕구와 생각, 감정이 없어지니 아이의 틱 현상도 시나브로 사라졌다.

한 가지 분명한 것은 그러한 현상을 강제로 통제하고자 할 때, 행동의 통제는 '하면 안 돼'라는 생각의 통제를 요구하게 된다는 것이다. 이러한 생각의 통제는 스스로의 느낌을 억압하는 감정의 통제로 이어진다. 통제는 억압이다. 억압은 자연스러운 성장을 방해한다. 자신을 통제하고자 할 때, 당신은 삶의 자연스러운 흐름을 막고 있는 것이다. 아이를 통제하고자 할 때, 당신은 아이의 자연스러운 성장을 막고 있는 것이다.

통제는 절제와는 다르다. 통제는 억압이고 절제는 선택이다. 통제가 자신에 대한 무리한 강요라면, 절제는 더 나은 삶을 위한 자발적 의지에서 나온 자신의 선택이다. 통제는 마음의 고통을 야기하고, 절제는 해냈다는 성취감을 야기한다. 그럼 무엇이 통제이고 무엇이 절제인지 어떻게 구분할 것인가? 어떤 일을 행하거나 행하지 않은 후 자신의 마음을 들여다보라.

계속해서 불행하고 고통스런 마음이 든다면 통제이다. 하지만 성취감과 뿌듯함이 느껴진다면 절제이다. 스스로의 삶에서 적절한 절제를 할 수 있다면, 우리는 더 평온하고 만족한 삶을 살 수 있다. 하지만 통제는 억압이고, 억압된 에너지는 어느 순간 부적절한 행동으로 나타난다. 자연스러운 흐름을 억지로 막지 말고 허용할 때, 우리는 더 여유롭고 자연스러운 삶을 살 수 있다.

완벽함이라는
함정

완벽함이란 무엇일까? 우리가 정의하는 완벽한 상태란 어떤 상태를 말하는 것일까? 통상적으로 완벽함은 더 이상 고칠 곳이 없는 완전한 상태를 일컫는다. 그렇다면 더 이상 고칠 곳이 없는 상태는 정말로 완벽한 상태일까? 어쩌면 우리가 말하는 완벽함이란 더 이상 성장과 변화의 가능성이 없는 멈춤의 상태는 아닐까.

많은 사람들이 매일의 일상 속에서 완벽함을 추구하며 살아 간다. 공장에서 제품을 생산할 때나 자신이 맡은 업무를 처리할 때 완벽함은 필요하다. 하지만 완벽한 사람은 없다. 그것이 생물과 무생물의 차이이다. 기계에 대해서는 완성된 어떤 상태에 대하여 완벽하다고 말할 수 있다. 업무를 처리함에 있어서도 완료된 어떤 상태를 완벽하다고 말할 수 있다. 왜냐하면 완료란 멈춤의 상태이기 때문이다.

멈춤의 상태는 무생물이기 때문에 가능하다. 물론 무생물인 기계도 엄밀히 말하면 더 좋은 기능으로 성장하고 진화한다. 30년 전에 사용되던 컴퓨터와 지금의 컴퓨터는 엄청난 차이가 있다. 20년 전에 사용하던 핸드폰과 지금의 핸드폰은 완전히 다르다. 하지만 그러한 성장과 진화의 주체는 기계 자체가 아니라 사람이다. 기계도 세월이 흐르면서 진화하지만 스스로의 힘으로는 가능하지 않다. 진화와 성장을 이끌어 가는 인간이라는 생명체가 있기에 가능하다. 그렇기 때문에 우리는 생산된 기계에 대해서 완벽함을 말할 수 있다.

하지만 완벽한 어린아이를 본 적이 있는가? 완벽한 물고기를 본 적이 있는가? 완벽한 새를 본 적이 있는가? 완벽한 나무를 본 적이 있는가? 완벽한 꽃을 본 적이 있는가? 생명은 언제나 멈추지 않고 흐른다. 생명은 늘 변화하고, 성장하고, 진화한다. 바로 이것이 생명체의 완벽함이고 완전함이다. 완벽한 어린아이는 없지만, 모든 아이가 완벽하다. 완벽한 물고기는 없지만, 모든 물고기가 완벽하다. 완벽한 새는 없지만, 모든 새가 완벽하다. 완벽한 나무는 없지만, 모든 나무가 완벽하다. 완벽한 꽃은 없지만, 모든 꽃이 완벽하다. 이것이 생명체의 본질이다.

완벽해지려고 열심을 다하여 노력하는 물고기와 새를 본 적이 있는가? 완벽해지려고 매일매일 고민하고 애 쓰는 나무와 꽃을 본 적이 있는가? 인간을 제외하곤 누구도 그렇게 어리석은 노력을 하지 않는다. 오직 인간만이 완벽해지려고 애쓴다. 오직 인간만이 완벽하지 못한 자신에게 분노한다. 오직 인간만이 완벽하지 않은 자신과 누군가를 용납하지 못한다. 이것이 인간의 병이다. 그로 인해 여러 가지 정신적인 질병을 안고 산다. 인간 외에 그 어떤 생명체도 완벽해지려고 애씀으로써 정신 질환을 앓지 않는다. 인간만이 생명의 본질을 거스르며 완벽해지려고 애쓴다.

완벽함이란 감옥에 갇힌 사람들

뒤뚱뒤뚱 걷는 아기는 완벽하게 아름답다. 때론 울고, 때론 넘어져도 여전히 아름답고 완벽하다. 길가에 핀 들꽃을 바라보라. 아직 채 피어나지 않은 꽃잎은 피어나지 않아서 예쁘고, 활짝 핀 꽃잎은 피어나서 예쁘다. 생명을 다 하고 떨어진 꽃잎은 또 그 자체로 완전하다. 곧게 자란 나무는 곧아서 완벽하고, 비뚤비뚤

자란 나무는 비뚤어서 완벽하다.

　이것이 생명체의 아름다움이고 완벽함이다. 생명의 본질 자체가 변화와 성장이기 때문이다. 스스로에 대한 완벽함을 추구할 때, 우리는 생명 자체가 가진 완벽함을 훼손하는 아이러니를 낳는다. 유리 액자 안에 박제된 동물을 본 적이 있는가? 유리 액자 안에 박제된 식물을 본 적이 있는가? 연약한 날갯짓으로 나풀거리며 날아다니는 나비 한 마리에서 느낄 수 있는 완벽함은, 박제된 나비에게서 느낄 수 있는 완벽함과는 다르다.

　완벽한 자신이 되고자 사력을 다해 애쓴다면, 결국 자유로운 날갯짓을 멈추고 박제된 나비처럼 되어야 할 것이다. 자신에게 완벽함을 요구한다는 것은, 자신 속에 흐르고 있는 생명에게 멈춤을 요구하는 것이다. 아이에게 완벽함을 요구한다는 것은, 아이 내면에 흐르고 있는 성장의 에너지를 억압하는 것이다. 연인에게, 또 배우자에게 완벽함을 요구하는 것은 그들이 그들답게 살아갈 수 있는 자유를 허락하지 않는 것이다.

　여기에서 많은 갈등과 질병이 야기된다. 스스로가 요구하는 완벽함에 도달하고자 자신을 매일매일 스트레스의 상황으로 몰고 가는 사람을 떠올려보라. 이러한 정신적 스트레스는 때로는 우울감과 분노를, 때로는 집착과 강박 증세를 동반하기도 한다. 때로는 암과 같은 육체적 질병을 야기하기도 한다.

또 자신이 요구하는 완벽함만큼 상대가 따라주지 못할 때, 인간관계에서도 갈등이 야기된다. 힘의 강약이 평등한 인간관계에서는 완벽함을 요구받더라도 거절할 수 있는 자유가 있다. 하지만 많은 인간관계에서 알게 모르게 강자와 약자가 존재한다. 직장 상사와 부하 직원, 시부모와 며느리, 남편과 아내, 부모와 자녀 등이 알게 모르게 힘의 역학관계에 의해 지배를 받는다.

상담을 하다 보면 이런 경우를 참 많이 만난다.

정말로 원해서 엄청난 경쟁률을 뚫고 어렵게 입사한 회사원이 있다. 그런데 자신이나 타인의 완벽주의 성향에서 야기된 충돌과 갈등으로 회사를 그만두어야 했다. 또한 수십 년을 시댁 어른들의 요구에 맞춰 완벽해지려고 노력하며 살아온 주부가 있다. 하지만 끝도 없는 요구에 지쳐서 이젠 분노와 우울증만 남았다고 한다. 이러한 상황은 남편에 대한 원망으로 이어지고, 아이들에게도 화목하지 못한 모습을 보이게 된다.

결혼 생활에서도 완벽함에 대한 배우자의 지나친 요구는 가정 파탄의 원인이 된다. 이 세상에 똑같은 사람은 없다. 연인이 서로에게 끌리는 이유는 다르기 때문이다. 당연히 완벽함에 대한 기준도 제각기 다르다. 자신의 기준을 상대에게 적용하려고 할 때, 불협화음은 일어날 수밖에 없다.

자신에게도 타인에게도 완벽함을 요구하는 사람을 떠올려 보라. 뭔가 답답하고 힘들다는 느낌이 들 것이다. 이들은 자신이 만들어 놓은 완벽함이란 감옥에 스스로 갇혔다. 그래서 마음이 병들고, 몸이 아프다. 자기 자신은 물론 주변 사람들도 힘들게 한다.

　　완벽함은 불가능한 환상이다. 인간은 불완전하기 때문에 완전하다. 모든 생명체는 변화와 성장의 종착역이 아니라, 과정 속에 있기 때문에 아름답다. 완료형이 아니라 현재 진행형이기 때문에 완벽하다. 불완전함 속에서 완전함을 볼 수 있고, 모자람 속에서 완벽함을 이해할 수 있을 때, 당신은 더 이상 완벽해지려고 애쓰지 않을 것이다. 완벽함을 향한 어리석은 노력을 그만둘 것이다. 자신의 모자람을 허용할 것이다. 그리할 때 당신은 향기 없는 조화가 아니라, 매혹적인 향기를 간직한 생화로 피어날 것이다.

3장

흔들리지 않는 감정 중심 잡기

불안과 분노가
일어나는 패턴

모든 불안과 분노에는 이유가 있다. 이유 없는 불안과 분노는 없다. 그리고 사람마다 불안과 분노의 패턴이 다르다. 제각기 즐기는 음식이 다르듯 사람에 따라서 불안과 분노에 반응하는 자신만의 유형이 있다는 것이다.

원인을 안다는 것은 매우 중요하다. 원인을 알아야 해결의 실마리를 찾을 수 있기 때문이다. 예를 들어 우리가 두통을 앓을 때, 드러나는 증상은 하나이지만 원인은 제각기 다를 수 있다. 신경을 너무 많이 써서 두통이 생길 수도 있고, 뇌에 이상이 생겨서 두통이 있을 수도 있다. 나는 잘 아프지 않지만 어쩌다 두통이 생기면 원인은 하나다. 음식을 먹고 체했을 때이다. 경험상 이 사실을 잘 알고 있는 나는 두통이 오면 바로 적절한 조치를 취한다. 그러면 고생하지 않고 바로 해결된다.

분노 역시 마찬가지다. 먼저 자신의 분노 유형부터 파악해야 한다. 나는 주로 어떤 상황에서 분노하는 사람인지 그 유형을 파악하고, 원인을 탐색한다. 주변에 자주 화를 내는 사람을 떠올려 보라. 물론 대다수의 사람들이 어느 정도의 분노를 가지고 살아간다. 하지만 유난히 더 자주, 더 많이 분노를 표현하는 사람이 있다. 그럼 이 사람들은 다른 사람들보다 분노에 대해 더 여러 개의 원인을 가지고 있는 걸까? 그렇지 않다. 같은 원인이 각각의 다른 상황에서 다른 옷을 입고 표현될 뿐이다.

화를 자주 내는 사람도 뿌리를 찾아 들어가 보면 그 원인이 두세 가지로 압축된다. 뿌리는 하나인데 제각기 상황이 다르게 보일 뿐이다. 좀 더 구체적으로 살펴보자.

무시당했다는 느낌이 불안과 분노를 유발한다

50대 초반의 남성이 있다. 이 사람은 젊은 시절부터 여러 사람들과 감정적으로 많이 부딪쳤다. 아내와도 자녀와도 친지들과도 이웃과도 자주 마찰이 생긴다. 너무 자주 이런저런 마찰이 생기니 주변에서는 차츰차츰 이 사람과 만나기를 꺼리게 된다. 만나서 웃고 떠들고 즐거운 시간을 보내고 싶은데, 어느 순간 모임의 분위기가 좋은 듯싶다가도 다툼으로 이어지기 때문이다. 본인은 왜 그런지 이유를 모른다. 정확한 이유를 모르니 상황은 개선되지 않고 더 화가 난다.

여러 번 만나 상담을 하면서 이 사람의 분노 유형을 알게 되었다. 이 사람은 '무시당한다'라는 기분이 들면 화가 올라왔다. 상대는 그럴 의도가 전혀 없었는데도 자신이 무시당했다고 느끼는 순간 걷잡을 수 없는 분노가 올라오고 폭발하는 것이다.

운전을 하는데 옆 차선에서 끼어들기를 한다. 사실 끼어들기를 하는 데는 여러 가지 이유가 있을 수 있다. 위급한 일이 있어서일 수도 있고, 차선 변경을 해야 할 경우도 있고, 자신이 선호하는 차선이 있을 수도 있다. 그런데 이 사람은 '나를 뭐로 보고 감히 내 앞에 끼어들기를 해?'라고 생각하면서 기분이 나빠지는 것이다.

또 아내가 어제 먹던 반찬을 그대로 오늘도 내놨다. 바빠서였을 수도 있고, 몸이 너무 피곤하거나 아파서였을 수도 있고, 다른 먹을거리가 없어서였을 수도 있다. 그런데 이 사람은 아내가 자신을 무시해서라고 생각하고 화가 나는 것이다.

　이웃에 새로 이사 온 사람이 "사용하고 금방 가져다 드릴게요" 하면서 망치를 빌려갔다. 그런데 이삿짐 정리에 바빠서 깜박 잊어버렸다. 생각이 났을 때는 너무 늦은 밤이었다. 밤에 초인종을 누르려니 잠을 깨울까 염려된다. 다음 날은 휴일이니 늦잠을 자고 오후에야 망치를 돌려주러 왔다. 이때쯤엔 벌써 이 사람의 분노는 폭발하기 직전이다. '남의 물건을 빌려 갔으면 바로바로 갖다 줘야지. 잊어버린다는 게 말이 되는가? 잊어버릴 수 있다는 것 자체가 바로 나를 우습게 여기고 무시했다는 뜻이야'라고 생각하는 것이다.

　이쯤 되면 주변 사람들도 힘들어지지만 본인이 가장 힘들다. 의외로 이런 유형의 사람들이 많다. 여기에서 중요한 것은 각각의 상황이 다르지만 그 뿌리는 같다는 점이다. 각각의 상황에서 화가 올라올 때마다 해결하려고 하면 답이 보이지 않는다. 언제 어떤 상황이 또 다른 옷을 입고 나타날지 모르기 때문이다. 마치 잡초의 잎을 제거해도 순식간에 다시 자라는 것과 같다. 그 근본이 되는 뿌리를 찾아 뿌리째 뽑아버려야 해결이 된다.

　잡초의 뿌리를 제거하기 위해서는 그 뿌리가 어떤 뿌리인지, 어디에 숨어 있는지를 먼저 살펴봐야 한다. 이런저런 덤불이 같이 엉켜 있을 때, 그 뿌리를 찾는 것은 좀 복잡할 수 있다. 하지만 찾고자 하는 의지를 가지고 잘 살펴보면 그다지 어려운 일도 아니다.

이 사람 역시 여러 번의 상담을 통해 자신의 분노 유형을 찾고, 원인을 발견하면서 오랫동안 자신을 괴롭혀왔던 감정에서 서서히 해방될 수 있었다. 망가져 가고 있던 인간관계도 회복되고 있다. 무엇보다도 자신의 정체성과 자존감이 회복되면서 화가 많이 줄어들었다. 화가 줄어드니 일상이 더 평화로워지고 행복해졌다.

이 사람과 같이 겉으로 드러나는 상황이 모두 달라 보이기 때문에 사람들은 그 뿌리를 찾기 어려워한다. 그 원인이 제각기 다른 것이라 착각한다. 하지만 이 모든 경우의 원인이 '무시당했다'라는 하나의 느낌에서 비롯되었다는 것을 알면 해결은 한결 쉬워진다. 왜 그런 기분이 드는지 자신의 감정과 경험을 꼼꼼히 체크해 보면 된다.

불안이나 분노와 같은 부정적 감정은 과거의 부정적 경험에서 비롯되는 경우가 많다. 과거의 어느 순간으로 돌아가 보면 그런 느낌을 들게 한 경험들이 있을 것이다. 단순히 하나의 상황일 수도 있지만, 그러한 경험을 유발한 누군가 구체적인 사람이 있을 수도 있다. 그럴 때 나 아닌 다른 사람에게 책임을 묻고 싶어질 수도 있다. 하지만 이제 와서 그들에게 어떻게 책임을 물을 것인

가. 책임을 묻는다 해도 그들이 어떻게 해결해 줄 수 있을 것인가. 없다. 오직 나 자신만이 나의 인생에 대해 책임질 수 있다. 불안과 분노의 원인을 파악했다면, 이제 스스로를 다독여 줄 시간이다.

'괜찮아. 이제 그 경험들은 지나갔어. 불안해하지 않아도 돼. 지금 나는 안전해. 분노하지 않아도 돼. 지금 모든 것이 지나갔어. 나는 평화로워.'

스스로를 다독이며 살며시 안아 주자. 오랫동안 자신을 힘들게 했던 불안과 분노가 서서히 녹아내릴 것이다.

고통은
반응에서 시작된다

모든 마음의 고통은 감정의 반응에서 시작된다. '괴롭다', '슬프다', '힘들다', '외롭다', '화나다' 등과 같이 우리를 힘들게 하는 것들은 감정이다. 어떤 상황에 대해서 내 감정이 어떤 반응을 보이느냐에 따라 마음의 행복과 불행이 결정된다. 그렇다면 어떤 상황은 어떤 감정을 불러일으킬지가 정해져 있을까? A라는 상황은 반드시 a라는 감정을 불러일으키고, B라는 상황은 누구에게나 b라는 감정을 불러일으킬까? 그렇지 않다.

둘째 아이가 중학교 때의 일이다. 어느 날 학교에서 돌아온 아이가 웬일인지 학교에서 있었던 일을 이야기한다.

"엄마, 나 오늘 학교에서 칭찬받았어."

평소에 학교생활에 대해서 잘 이야기하지 않는 아이다. 더구나 좀체 칭찬받을 일이 없는 아이다. 물론 이 말은 아이가 부족하다는 뜻이 아니다. 학교에서 좋아하고 원하는 스타일이 아니라는 뜻이다. 뭔 일일까? 궁금해졌다.

"그래? 무슨 일인데?"

"교실에서 쉬는 시간에 남자 아이들이 축구하다가 걸렸거든. 그래서 전부 반성문 썼어. 근데 선생님이 내가 반성문을 제일 잘 썼다고 반 애들 모두 있는 데서 큰 소리로 읽어 주셨어."

순간 나도 모르게 '빵' 터져서 배꼽을 잡고 웃었다. 중학교 3년 내내 학교에 다니면서 단 한 번 칭찬받은 일이 반성문 때문이라니……. 너무 재미있게 느껴졌다. 엄마가 너무 신나게 웃으니 아이가 겸연쩍은지 머리를 긁적긁적 하더니 저도 씩 웃는다.

"그래. 잘했어. 너 원래 글 잘 썼잖아"라는 말로 유쾌하게 마무리했다.

하지만 가만히 생각해 보라. 모든 엄마들이 이 경우에 이처럼 반응할까? 아닐 것이다. 누군가는 교실에서 하지 말라는 축구를 하다가 담임선생님한테 걸렸다는 사실 자체에 이미 화가 날 수도 있다. 게다가 반성문까지 쓰다니……. 부지불식간에 화가

치솟아 올라, 학교에서 여태 혼나다 온 아이를 붙잡고 2차 훈육에 들어가는 엄마도 있을 수 있다.

어떤 날은 이런 경우도 있었다. 아이가 거의 한두 달가량 평소보다 늦게 왔다. 그러려니 했는데, 어느 날 좀 일찍 집에 온 아이가 이렇게 말한다.

"엄마, 나 오늘 다른 날보다 일찍 왔지?"

또 뭔 일인가 싶어 궁금하지만 남자 아이들을 키우면서 터득한 노하우가 있다. 궁금해도 먼저 이야기하기 전에는 안 물어 보는 게 좋다. 할 만한 이야기면 묻지 않아도 제 마음 내킬 때 알아서 할 것이고, 하기 싫은 이야기는 어차피 물어 봐도 안 한다. 그러니 괜한 감정 싸움하지 말고, 지나치게 궁금해 하지도 말고 그냥 두는 게 제일 좋다. 여하튼 제가 먼저 이야기를 꺼냈으니 이럴 때는 또 무관심하지 않게 적당한 반응을 보여줘야 한다.

"그러네. 일찍 왔네. 무슨 일 있어?"

"내가 왜 지난달부터 계속 늦게 왔는지 알아?"

"엄마는 모르지. 네가 이야기 안 해 줬잖아. 왜 늦게 왔는데?"

"한 달 동안 계속 교무실 청소했잖아."

"왜?"

"지난번 아침에 학교 갈 때 담 넘어 가다가 걸렸거든. 그래서 한 달 동안 교무실 청소야."

"근데, 담은 왜 넘었는데?"

"아, 거기가 지름길이거든. 근데 다른 애들도 많이 넘었는데, 나만 딱 걸렸잖아. 아휴. 그래서 나만 청소해. 왜 그 선생님은 하필 거기에 서 계셔서……. 휴."

또 나는 입가로 웃음이 비실비실 새어 나온다. 아이가 아침에 학교 담을 넘다가 선생님에게 딱 걸리는 모습을 상상해 보라. 재미있지 않은가? 참지 못하고 내가 또 하하 웃으며 물어보니 아이는 계속 이야기를 풀어놓는다.

"근데 한 달보다 훨씬 더 된 것 같은데?"

"아, 원래 한 달인데. 엄마, 교무실 청소 매일 나 혼자 하면 얼마나 하기 싫은 줄 알아? 힘들고. 그래서 내가 너무 하기 싫어서 지난달에 한 번 도망쳤거든. 그래서 다시 한 달 더 해야 돼."

"그랬구나. 정말 힘들었겠다. 고생했겠네. 그럼 이제 다 끝난 거야?"

"아니. 오늘 일찍 왔잖아. 진짜 하기 싫어서 도망쳤어."

"그래? 그럼 또 한 달 늘어나면 어떻게 하려고?"

"몰라, 나도. 너무 하기 싫어서 그냥 왔어."

그 이후에 스토리가 어떻게 전개되었는지 난 모른다. 아이는 더 이상 이야기하지 않았고, 나도 물어보지 않았다. 아이가 나름 거쳐야 할 성장과정을 잘 거치면서 커 가고 있다는 생각이 들었다. 그맘때 그런 경험을 안 해 보면 또 언제 그런 경험을 해 보겠는가?

하지만 이럴 경우 엄청나게 화가 나는 엄마도 있을 것이다. 똑같은 상황에서 왜 어떤 엄마는 화가 나고, 어떤 엄마는 화가 나지 않을까? 기대하는 바가 다르기 때문이다. 화가 나는 엄마의 경우 내 아이가 학교에서 좀 더 모범적인 태도를 보이길 원하는 마음이 있을 것이다. 선생님들한테 인정받는 아이였으면 좋겠다는 바람이 있을 것이다. 성적도 우수하여 칭찬받는 아이였으면 좋겠다는 기대감도 있을 것이다. 그 기대감이 충족되지 않을 때 '화'라는 감정이 반응한다.

내가 아이에게 바라는 건 아이의 자존감과 행복이다. 더불어 나는 아이의 학창 시절에 그런 에피소드가 있다는 사실이 유쾌했다. 나중에 아이가 커서 자신의 학창 시절을 돌아보았을 때 웃으며 떠올릴 수 있는 추억이 많다면 인생이 더 풍요로워지지 않겠는가? 그리고 그런 이야기를 아이가 엄마한테 숨기지 않고 해 준다는 사실이 너무 감사하고 기뻤다. 창피할 수도 있고 혼날 수도 있는 이야기를 엄마한테 할 수 있다는 것 자체가 그만큼 엄마를 믿는다는 뜻이 아닐까? 그렇기에 나는 '화'보다는 '유쾌함'이라는 감정으로 반응할 수 있었다.

어떤 일에 대해서 내 '감정'이 어떻게 '반응'하느냐에 따라 즐거울 수도 있고, 고통스러울 수도 있다. 나의 감정이 어떻게 반응하느냐는 내가 그 상황을 어떻게 해석하느냐에 따라 달라진다. 어떠한 상황에서 감정이 반응할 때, 그 감정을 잘 지켜보라. 그리고 그러한 감정의 반응을 일으키는 나의 생각을 잘 살펴보라. 자신의 생각을 변화시킬 수 있다면 감정의 반응을 조절할 수 있을 것이다. 감정의 반응을 조절할 수 있다면, 마음에서 고통이 사라진다.

상처받은
내면 아이

우리의 내면에는 자라지 못한 어린아이가 있다. 그 아이를 느껴 본 적이 있는가? 명상과 마음공부를 하는 과정 속에서 그 아이를 만나 본 적이 있다. 열 살가량의 모습이었다. 동그라면서도 조금은 네모나게 느껴지는 얼굴에 약간은 슬픔이 느껴지는 표정이었다. 자신을 두고 더 큰 성장으로 떠나려는 나를 바라보면서 그 아이가 말을 걸었다.

"그래도 나 그동안 열심히 잘 살아왔지? 그렇다고 말해줘."

그 말을 하는 표정에서 외로움이 전해져 왔다. 그 외로움은 아무도 자신의 존재에 대해 알아주지 않음에도 혼자서 부단히 애쓰며 노력해 왔던 삶에 대한 버거움이었다. 애처로웠다. 그래서 떠나려던 발걸음을 뒤로 돌려 살며시 안아 주었다.

"그래 정말 잘해 왔어. 고마워. 사랑해."

더 넓은 세계로 나아가는 나를 떠나보내던 그 아이의 묵묵하면서도 애잔했던 눈빛이 아직도 잊히지 않는다. 그렇게 내면 아이를 처음 만났고, 그 아이를 두고 나는 더 큰 사람으로 성장했다. 그 후 다시는 그 아이를 만나지는 못했다. 하지만 나는 나의 내면에서 그 아이가 나와 함께 성장하고 있음을 안다. 그 아이를 사랑한다. 그 아이에게 사랑을 보낸다.

흔히 심리학에서는 상처받은 내면 아이라는 말을 자주 사용한다. 그만큼 우리의 내면에 상처받고 회복되지 못한 내면 아이가 남겨져 있다는 뜻이다. 상처받지 않고 자라는 아이가 어디 있을까? 또 어른이 되어서도 상처받지 않고 살아가는 사람이 어디 있을까? 우리는 상처를 본의 아니게 주기도 하고 받기도 하면서 살아간다.

그럼에도 상처받은 내면 아이가 자주 거론되는 것은 어린 시절에 받은 상처를 제대로 치유해야 하기 때문이다. 그렇지 않으면 언제까지나 우리의 가슴속에 남아서 행복한 어른이 되는 것을 방해한다. 상처받은 내면아이를 무시하고 그대로 방치해 두면 온전히 행복할 수 없다. 바꾸어 말하면 내가 아무리 애써도 행복하

지 않다면 내 안에 상처받고 치유 받지 못한 내면 아이가 있을 수
도 있다는 이야기이다.

성인의 눈으로 바라보라

당신의 내면을 한번 느껴보라. 외롭고 상처받고 힘들어 하
는 아이가 보이는가? 지나온 과거의 어느 시절에 그 아이는 상처
받았다. 그 아이는 바로 나다. 내 몸은 커서 어른이 되었다. 그래
서 나는 내 마음도 어른이 된 줄 알았다. 어른이 되었다고 착각한
나는 내 내면에 상처받은 아이를 남겨두고 떠났다. 그 아이가 아
파서 울고 있지만 당신은 그 아이를 외면했다. 그 외면의 시간이
길어져서 이제는 존재마저 잊고 지냈다. 그런데 존재조차 희미해
진 그 아이가 저 깊은 곳에서 당신의 행복을 움켜쥐고 있다. 나를
좀 돌아봐 달라고, 나의 아픔과 외로움을 돌아봐 달라고 눈물을
흘리면서…….
그 아이의 외로움을 느껴보라. 그때 그 아이는 상처받았지
만 아무도 치유해 주지 않았다. 스스로 치유했어야 하는데, 그러
기에는 너무 어리고 힘이 약했다. 자신을 치유할 능력이 없었다.

그렇게 그 아이는 아픈 채로 남겨졌고, 당신은 그 아이를 떠나 몸만 어른이 되었다. 치유되지 못한 아이는 성장이 멈춰진 어린아이로 남아 있다. 내면 아이는 제대로 이해받고 치유되지 않으면 언제까지나 자라지 못하고 아이의 모습으로 남아 있을 것이다. 치유가 이루어져야 멈춰진 성장을 계속할 수 있다.

치유하기 위해서는 좀 더 성장한 눈으로 그 아이를 살펴봐야 한다. 가령 내 내면 아이가 일곱 살에 멈추어져 있다면 일곱 살 아이의 시선으로 돌아가서는 그 아이를 치유할 수 없다. 왜냐하면 일곱 살 시절의 상처가 남아 있다는 건, 일곱 살의 나이로는 이해하지 못할 상황이 있었기 때문이다. 상처는 이해를 통해서 치유되고 회복된다. 내게 상처를 주었다고 생각하는 그 대상에 대한 이해가 있어야 한다. 또 그럴 수밖에 없었던 전반적인 상황에 대한 이해가 있어야 한다. 이해가 되어야 그 상황을 용서하고 받아들일 수 있는 마음의 문이 열리기 시작한다.

그런데 일곱 살이었던 내가 이해하지 못했던 상황을 다시 일곱 살의 시각으로 바라본다면 여전히 이해하기 어렵다. 일곱 살 아이의 시각이 아니라 현재 성인이 된 당신의 시각에서 그 아이를 살펴봐야 한다. 왜냐하면 일곱 살 아이가 볼 수 있는 시야와 서른이 되고 마흔이 되고 쉰이 된 어른이 보는 시야는 다르기 때문이다. 일곱 살 아이는 자신의 아픔만 볼 수 있다. 하지만 서른 살,

마흔 살의 어른은 주변의 상황까지도 바라보고 이해할 수 있는 나이이다.

여기에서 한 가지 더 깊이 이해해야 할 것이 있다. 우리는 흔히 '상처를 준다', '상처를 받는다'라고 이야기한다. 하지만 대개의 상처는 의도와 무관하게 발생하는 경우가 많다. 더 중요한 것은 의도했든 아니든 상관없이 내가 받기 싫으면 받지 않으면 된다는 점이다.

길을 가는데 어떤 꼬마가 나를 향해 돌을 던진다. 물론 의도적으로 나를 겨냥해서 던진 것은 아니다. 혼자 놀면서 던졌는데 그 방향이 공교롭게 나를 향한 것이다. 이럴 경우 그냥 가만히 서 있지 말고 피하면 된다. 안 맞으면 그만이다. 이것이 의도 없는 상처를 받지 않는 방법이다.

또 길을 가는데, 어젯밤 주차 문제로 싸운 이웃집 청년이 나를 향해 돌을 던진다. 물론 고의성이 담겨 있다. 하지만 대응 방법은 같다. 일단 날아오는 돌을 피한다. 안 맞으면 된다. 가만히 서서 던지는 대로 맞을 필요가 없다. 그런 다음 무시하고 흘려보낼지, 경찰서에 신고할지, 싸울지 당신의 행동을 선택한다. 이것이 의도적인 상처를 받지 않는 방법이다.

때로는 예쁜 선물 상자에 담겨 선물인 듯 포장되어 배달되는 돌도 있다. 사랑과 관심이라는 말로 포장된 돌이다. 이것 역시 대응 방법은 같다. 받기 싫으면 안 받으면 된다. 돌려보내도 되고 그냥 쓰레기통에 버려도 된다.

중요한 것은 상처를 받느냐 안 받느냐는 자신에게 달려 있다는 점이다. 자신의 선택권을 포기하지 말자. 그리고 이제 당신은 더 이상 아이가 아니다. 어른이다. 앞으로 당신의 인생에 더 이상 핑계 대지 않겠다는 다짐을 해 보자. 당신의 인생은 오로지 당신 몫이다. 당신의 인생을 어떻게 가꾸어 나갈지는 전적으로 당신 책임이다.

행복한 인생을 살고 싶다면 먼저 당신의 내면 아이를 치유하라. 그 시절에 이해 받지 못하고, 배려 받지 못했던 자신을 안아 주자. 상처받았으나 치유 받지 못했던 당신을 따뜻하게 보듬어 주자. 사랑받지 못했던 자신을 온전하게 사랑해 주자. 당신 자신의 이해와 사랑으로. 거기서부터 다시 출발하자. 출발하기 위해서는 오래된 감정에 대한 정리와 치유가 필요하다. 당신의 이해를 통해 오래된 감정은 정리될 것이다. 당신의 사랑을 통해 내면 아이는 치유될 것이다. 이제 당신과 내면 아이는 하나이다.

분노 속엔
욕망이 숨겨져 있다

　　분노는 불과 같은 성질이 있다. 그래서 잘 조절하지 못하면 돌이킬 수 없는 일을 저지르기도 한다. 분노가 전혀 없는 삶은 없다. 또 분노라는 것이 나쁜 것만도 아니다. 분노는 자신을 지키는 장미꽃의 가시처럼 나를 지키는 역할을 한다. 인간은 누구나 지키고 싶은 나만의 영역이 있다. 분노해야 할 때 분노를 올바르게 표현하지 못한다면 지켜야 할 내 영역을 지키지 못할지도 모른다. 그런데도 사람들은 분노는 나쁜 것이라는 인식을 가지고 있다. 분노를 잘 다루지 못했을 때 피해가 너무 크기 때문이다. 분노는 내가 소중하게 여기는 누군가의 몸과 마음을 다치게도 한다.

행복했던 인간관계를 깨트리기도 한다. 또 무분별한 분노는 나와 아무런 관계가 없는 사람들에게조차 회복하기 힘든 피해를 주기도 한다. 그래서 예전부터 우리는 분노를 잘 다스리는 사람이 되고자 노력해 왔고, 그 중요성을 강조해 왔다.

　　오래전 어느 마을에 나이든 아버지와 아들이 살고 있었다. 아버지는 늘 아들이 걱정이었다. 아들의 성품이 너무 급하고 참을성이 없는데다 화를 잘 조절하지 못했기 때문이다. 한번 화가 나면 앞뒤 안 가리고 눈에 보이는 것은 모두 두들겨 패고 던지고 부수니 걱정이었다. 아들이 어렸을 때부터 그러면 안 된다고 타일러도 보고, 혼도 내보고 여러 가지 방법으로 가르쳤지만 도통 소귀에 경 읽기다. 어린 아들이 자라 청년이 되었다. 그런데도 그 성품은 고쳐지지 않는다.

　　이제 아버지는 더 나이가 들어 언제 저세상으로 갈지 모르는데 아들은 여전히 변하지 않는다. 아버지는 마음이 무겁다. 왜냐하면 그동안은 아들이 동네에서 싸우고 사고를 치고 이것저것 부수어도 아버지가 그럭저럭 해결을 해 주었다. 이집 저집 찾아다니며 사죄도 하고 변상도 하면서 수습을 해 왔다. 하지만 이제 아버지가 나이가 들어 죽을 때가 되니 혼자 남은 아들이 어찌 살아갈까 걱정이 되는 것이다. 함부로 화내고 부수는 성격을 고치지 않는다면 동네 사람들과 어울리지 못하고 쫓겨날 듯싶다. 쫓겨나면 그 성격으로 또 어디 가서 살 수 있겠는가? 걱정이 이만저만이 아니다. 아버지 마음은 애가 타는데 아들은 아무리 타이르고 가르쳐도 들은 척을 안 한다. 하루하루 날이 흘러 드디어 아버지의 임종 때가 되었다. 아버지는 숨을 거두기 전에 아들에게 마지막으로 유언을 남겼다.

"얘야. 내가 지난 수십 년간을 네 성품을 고치려 애를 써 왔지만 실패했다. 더 이상은 나도 어찌할 수 없구나. 내가 더 이상 너에게 화내지 말라는 말은 안 하마. 마음껏 화내도 좋다. 하지만 아버지가 마지막으로 너에게 소원이 하나 있다. 마지막 유언이니 들어줄 수 있겠느냐?"

아들이 가만히 생각해 보니 태어나서 효도 한번 한 적 없고 매일 속만 썩인 게 마음에 걸리고 송구스럽다. 화내지 말라는 말은 그동안 수십 년을 들어 왔지만 실천하기 어렵다는 것을 잘 안다. 그런데 이번엔 아버지가 다른 약속을 하자고 한다. 아버지의 마지막 소원인데 그래도 이것 하나쯤은 들어 드려야 하지 않을까 싶다.

"예. 아버지, 말씀하십시오. 명심해서 지키겠습니다."

"그래. 화가 나는 일이 있거든 얼마든지 화를 내도 좋다. 단 한 가지만 약속을 해라."

"알겠습니다. 무엇입니까?"

"네가 화내고 싶은 대로 얼마든지 화를 내도 좋은데 반드시 72시간이 지나서 화를 내라. 그 약속 하나만 지켜 준다면 나는 너에게 더 바랄 것이 없다. 네가 화가 날 때 무엇을 부수든 소리를 지르든 다 좋다. 단지 72시간이 지나서 하면 된다. 화가 나면 일단 그 자리를 떠나 집으로 돌아와라. 그런 후 72시간이 지나서 다시 가서 마음껏 화를 내라."

아들이 가만히 생각해 보니 좀 어렵기는 하겠지만 못 할 것도 없겠다 싶었다. 화를 내지 말라는 게 아니라 72시간만 지나면 마음대로 화를 내도 된다 하니 그러겠다고 약속했다.

그 후 아버지는 돌아가셨다. 이제 아들이 아버지와의 약속을 지킬 차례이다. 역시 화가 나는 일은 도처에 시시때때로 있었다. 하지만 아들은 아버지와의 약속을 기억했다. 힘들었지만 화가 나는 순간 화를 내지 않고 그 자리를 떠나 집으로 돌아왔다.

'사흘만 참자. 아버지와 약속했으니 딱 사흘만 참았다가 찾아가서 마음껏 화를 내 주자.'

이렇게 생각하며 사흘이 지나가기를 기다렸다. 그렇게 하루가 지나니 불같이 화나고 흥분되던 마음이 어느 정도 가라앉았다. 이틀이 지나니 뭘 그걸 가지고 내가 그렇게까지 화가 났을까 하는 생각이 들었다. 사흘이 지나니 대다수의 일은 별 일이 아닌 듯싶은 마음이 들어 화내기도 우스워졌다. 아주 가끔 그래도 이건 내가 옳으니 이야기해야겠다 싶은 일이 있기는 했다. 그때는 상대에게 찾아갔다. 하지만 이미 사흘 전의 폭발하려 했던 화의 에너지는 사라졌다. 그러니 더 이상 감정적으로 이야기하지 않고 예의를 갖추어 상대에게 나의 의견을 말할 수 있게 되었다. 그러자 당연히 상대도 이 청년의 말을 귀 기울여 듣게 된다. 이렇게 한 번 두 번 지나니 이제는 웬만해서는 화가 올라오지 않는다.

이렇게 살다 보니 어느 순간 그 불같은 성격의 청년은 마을에서 화를 제일 안 내는 사람이 되었다. 그뿐 아니라 한마디를 해도 깊게 생각하고 전후를 헤아려 말하니 점점 더 현명한 사람이 되어 갔다. 청년이 나이가 들어 노인이 되었을 때는 그 마을에서 가장 존경받는 현명하고 훌륭한 사람이 되어 있었다.

먼저 알아차려라

우리는 분노를 어떻게 다루느냐에 따라 가장 어리석은 사람이 될 수도 있고, 가장 현명한 사람이 될 수도 있다. 어떤 사람이 될 것인가는 오로지 자신의 선택이다. 매 순간 나의 선택이 모여 결국 나라는 사람을 형성한다.

분노를 잘 다루기 위해서는 먼저 화가 올라오는 순간 알아차릴 수 있어야 한다. 처음에는 잘되지 않을 것이다.

우리는 불같이 화를 폭발시켜 놓고 난 후에야 자신이 폭발했다는 것을 알고 정신을 차린다. 그리고 한동안은 그 폭발의 여진이 남아서 자신과 주변 사람들의 행복과 평화로움을 뒤흔든다. 화를 잘 다루고 싶다면 이 분노가 폭발하기 전에 멈출 수 있어야 한다.

멈추기 위해서는 알아차려야 한다. 분노를 조절하는 데 가장 중요한 것은 알아차림이다. 처음에는 잘되지 않지만 연습하다 보면 분노가 올라오기 전에 그 올라오려고 하는 움직임을 감지할 수 있다.

그런데 처음에는 알아차려도 멈추기 힘들다. 왜냐하면 자신의 화를 표현하고 싶은 욕망이 강하기 때문이다.

우리는 대개 화를 낼 때 내가 화를 낼 만해서 낸다고 생각한다. 즉 나의 화가 정당하다는 생각을 가지고 화를 내는 것이다. 그렇기 때문에 화를 내는 나를 알아차려도 멈추고 싶지 않다. 내가 옳은데 왜 멈추어야 하는가? 하지만 가만히 잘 살펴보면 그렇지 않은 경우도 많다.

아이들이 어릴 적 가까스로 막내를 재우고 밀린 설거지를 시작하려는 찰나 큰 아이들이 "엄마, 주스 먹고 싶어요"라며 큰소리로 말한다. 그 소리에 놀라 막 잠들었던 막내가 '으앙' 울음을 터뜨리며 깬다. 혹은 들고 있던 레고를 떨어트려 동생을 깨워 버린다. 엄청나게 화가 난다. 다시 재울 수 있는 상황이면 올라오는 화를 꾹꾹 누르고 다시 재워본다.

하지만 그렇지 못할 상황이면 그 화는 고스란히 깨운 아이에게로 폭발한다. 아이는 엄마의 화난 목소리와 표정을 감당하든지, 엉덩이라도 한 대 맞아야 한다. 아이를 키워 본 엄마라면 누구나 공감할 것이다.

그러나 가만히 생각해 보면 주스를 먹고 싶어 하는 아이도, 놀다가 레고를 떨어뜨린 아이도 잘못이 없다. 어린아이가 먹고 싶고, 이리저리 돌아다니며 놀고 싶은 건 당연한 본능이다. 밀린 일을 하거나 쉬고 싶어서 막내가 자 주길 바라는 건 그저 나의 바람일 뿐이다. 나의 바람이 옳고, 아이들의 먹고 싶고 놀고 싶은 본능이 틀렸다고 주장할 수 있을까? 이런 생각을 하다 보면 아이들에게 향하는 화의 에너지가 줄어든다.

일상 속에서 일어나는 거의 모든 화가 이와 같다. 그래서 정말 화를 잘 조절하는 사람이 되고 싶다면 자신의 분노 속에 담겨 있는 근본적인 욕구를 알아볼 수 있어야 한다. 동시에 자신의 욕

구가 항상 정당한 것은 아니라는 것을 알아야 한다. 그것을 알아
차리는 순간 화로 가는 에너지는 자연히 줄어든다. 왜냐하면 우
리는 정당성이 떨어진 것에 대해서 더 이상 강력하게 주장할 수
없기 때문이다.

분노는 참는 것이 아니라 이해하는 것이다. 자신과 타인의
내면에 감추어진 근원적인 욕망에 대해 이해하도록 노력해 보라.
이해가 깊어질수록 분노는 더 쉽게 떠나간다.

내 안의
트라우마

트라우마란 원래 몸에 난 상처, 외상을 뜻하는 의학 용어이다. 하지만 심리학에서는 정신적인 외상 혹은 정서에 영향이나 장애를 남기는 충격이라는 뜻으로 사용된다.

인간은 누구나 정신적 상처를 경험하며 성장한다. 대부분의 소소한 상처들은 자라면서 저절로 회복되고 마음에 영향을 미치지 않는다. 하지만 사람에 따라서 어떤 경험은 커다란 수술 자국처럼 사라지지 않고 마음에 흔적을 남긴다. 이 흔적이 개인의 정서와 행동에 작용하여 여러 가지 문제를 일으킬 때 우리는 이것을 트라우마라고 한다.

트라우마의 종류에는 여러 가지가 있다.

먼저 전쟁, 화재, 천재지변, 각종 사고, 성폭행 등 대형 사건이나 사고로 인한 트라우마가 있다. 이러한 트라우마는 대개 선명한 시각적 이미지를 동반하는 경우가 많다. 시각적 이미지가 장기 기억되어서, 사고 당시와 비슷한 상황이 되었을 때 심한 불안을 일으킨다. 즉, 사고로 인한 외상이나 정신적 충격으로 인해 오랜 기간이 지나도 일상생활에 부정적인 영향을 받는 것이다.

또 성장 과정 속에서 일상적으로 경험한 것들이 트라우마로 작용하기도 한다. 반드시 천재지변이나 대형 사건이 아니더라도, 과거의 어떤 경험으로 인해 불안, 우울 및 회피 등의 정서적 문제를 유발하는 것도 트라우마에 포함된다. 즉, 트라우마는 커다란 충격에 노출된 누군가에게만 일어나는 특별한 일이 아니라 누구든지 생활 속에서 보편적으로 가질 수 있는 증상이라는 것이다.

우리의 감정을 지배하는 기억

나는 일종의 폐쇄공포증과 비슷한 증상을 가지고 있다. 내가 아주 어릴 적 살던 산골 마을에는 버스가 오전, 오후에 한 번씩

만 다녔다. 한 달에 한두 번쯤 엄마는 읍내에 시장을 보러 가셨다. 웬만한 야채랑 곡식은 자급자족으로 해결했지만, 그래도 시장에 가야만 살 수 있는 생필품이 있다. 아주 가끔 장보러 가는 엄마를 따라 읍내에 가기 위해 버스를 탔다. 오전 버스를 타고 나가서, 이런저런 볼일을 보고 오후 버스로 돌아와야 했다.

1970년대 초에 시골 마을의 버스를 타 본 경험이 있는 사람들은 기억할 것이다. 읍내까지 가는 데 버스로 한 시간쯤 걸린다. 오일장, 칠일장 등이 있던 시절이다. 버스가 거쳐 가는 마을에 사는 사람들 모두가 장날에 맞추어 읍내에 가기 위해 버스를 이용한다. 정말 콩나물 시루라는 말이 맞을 만큼 버스는 발 디딜 틈도 없이 사람들로 꽉 찬다. 기억나는가? 그 당시에 버스마다 있던 차장들이 사람들을 차 속으로 밀어 넣고 차체를 두어 번 탕탕 치며 '오라이!' 하고 소리 지르던 모습을. 그 소리를 신호로 버스는 출발한다. 출발하면서 운전기사는 차체를 오른쪽 왼쪽으로 번갈아가며 일부러 확 쏠리게 한다. 그러면 차 문에 위태롭게 간당간당 매달려 있던 사람들이 안으로 쏠려 차 내부의 공간이 살짝 정리가 되는 것이다.

아마 내가 다섯 살 무렵이었던 것 같다. 다섯 살이니 얼마나 어리고 키도 작았겠는가? 어른들 틈바구니에 끼여 버스에 올랐는데, 뒤쪽에서 막 밀어붙이는 어른들 힘에 밀려 엄마 손을 놓치고 말았다. 게다가 명절 전이라 차례 준비를 하러 나온 사람들 때문에 버스 안은 정말 터져나갈 듯 꽉 찼다. 하나밖에 없는 버스를 놓치면 그 먼 길을 무거운 시장 보따리를 들고 걸어가야 하니 모두 필사적으로 버스에 매달린다.

그 와중에 다섯 살짜리 나는 어른들 속에 파묻혀 존재감이 사라졌다. 키가 어른들 엉덩이까지도 안 오니 파묻혀 버린 것이다. 어른들의 시야에 너무 작은 내 모습이 보이지 않으니 한 명이라도 더 타려고 그냥 꽉꽉 밀어 버린다. 나는 그만 어른들 다리 사이에 파묻혀 죽을 것 같은 기분이 들었다. 창문으로 들어오던 햇빛도 어른들 몸에 완전히 가려져 완벽한 어둠이었다. 어른들의 엉덩이 아래쪽 다리 사이에 파묻히고 눌려서 숨도 쉬기 힘든 상황이 되었다. 아무것도 구분할 수 없는 깜깜한 어둠과 사방에서 몸으로 누르는 압력 때문에 숨이 막혔다. 호흡이 곤란해지면서 죽을 것 같은 공포가 엄습했다.

최후의 발악으로 울음을 터트리며 작은 손으로 정말 젖 먹던 힘까지 다해 누군가의 다리를 밀며 비명을 질렀다. 그제야 내 존재를 알아챈 한 사람이 한 발 뒤로 물러서면서 약간의 공간이 생겨났다. 하지만 여전히 한 줌의 햇빛도 보이지 않는 암흑이니 숨이 막혀 죽을 것만 같은 느낌이 들었다. 계속 비명을 지르고 울자 누군가 내 겨드랑이 사이를 잡고 살짝 위쪽으로 들어 올렸다. 드디어 창문으로 들어오는 햇빛 한 줄기가 보이고 숨이 쉬어졌다. 그 죽을 것 같은 숨 막힘과 공포 속에서도 덜컹거리는 버스는 아랑곳없이 계속 달리고 있었다.

그 이후 나에게는 폐쇄공포증과 비슷한 증상이 생겼다. 정확히 말하면 암흑공포증이라고 해야 할까? 단순히 폐쇄공포증이 아니라 빛이 하나도 들어오지 않는 완벽한 암흑 속에 남겨지면 숨이 막히고 호흡이 곤란해진다. 죽을 것 같은 공포가 생긴다. 물론 이 증상은 일상생활에 크게 지장을 주지는 않는다. 잘 드러나지도 않는다. 왜냐하면 완벽한 암흑의 상황이 재현되는 경우가 잘 없기 때문이다. 그저 나 자신만 알고 있을 뿐이다. 가끔 다른 사람과 여행 가서 숙박할 경우 두꺼운 커튼까지 완벽하게 치고 자려고 하는 사람이 있다. 그럴 경우에만 내 의사를 밝히고 커튼을 한 뼘쯤만 열어서 자연 빛이 들어오게 하고 자면 되기 때문에 큰 어려움은 없다.

하지만 그래도 살다 보면 아주 가끔은 빛이 전혀 들어오지 않는 상황에 남겨질 때가 있다. 창문이 전혀 없는 닫힌 공간에서 갑자기 정전될 때이다. 숨이 막혀 오면서 공포가 엄습해 온다. 이럴 때 내가 느끼는 공포는 대개의 사람들이 느끼는 어둠에 대한 무서움과는 다르다. 완벽한 암흑을 느끼는 순간 숨이 잘 쉬어지지 않는다. 갑작스런 호흡 곤란은 그 자체로 거대한 공포심을 유발한다. 그럴 경우 최대한 정신을 가다듬으려고 노력한다. 빛이 차단된 건 호흡하고는 아무 상관이 없다는 논리를 나 자신에게 되풀이하여 인식시킨다. 그러면서 흥분하지 않고 최대한 마음을 다잡는다. 호흡을 크게 천천히 하면서 곧 이 순간이 지나갈 거라고 나 자신을 안심시킨다. 다행히 얼마간의 시간이 지나면 해결되지만 내겐 무척이나 길게 느껴진다.

이럴 땐 다른 방법이 없다. 그저 스스로의 마음을 가다듬으며 진정시키고 논리적으로 나 자신을 이해시켜야 한다. 무엇보다도 이 시간이 무사히 지나갈 거라는 이해와 믿음을 유지해야 한다. 나의 이해와 의지로 이 시간을 잘 극복해 보겠다는 마음을 스스로 내야 한다. 여러 번 반복하다 보면 조금씩 버틸 수 있는 시간이 길어진다.

사람에 따라서 제각기 다른 경험이 있을 수 있고, 그에 따라 나타나는 증상도 다르다. 2001년 9월 미국 뉴욕의 세계무역센터에서 일어난 테러 사건이나 2014년 4월 우리나라에서 일어난 세월호 참사와 같은 경우는 많은 사람들에게 강력한 트라우마를 안겼다. 오랜 시간이 지나도 많은 사람들이 이로 인한 트라우마를 안고 살아갈 것이다. 또 이러한 대형 참사만이 아니라 나처럼 살면서 무심코 겪게 된 어떤 일도 트라우마로 작용할 수 있다.

결국 트라우마란 우리의 감정을 지배하는 기억이라고 할 수 있다. '나' 자신의 감정을 지배하는 '나'의 기억이기 때문에, 오직 '나' 자신의 힘으로 그곳에서 탈출할 수 있다. 두려움과 공포가 나를 엄습할 때, 그것이 현실에 존재하지 않음을 자신에게 이해시키고 인식시켜야 한다. 어렵겠지만 마음의 힘을 내야 한다. 한번에 뛰어내릴 수는 없지만, 한 발 한 발 용기를 내어 도전해 보자. 결국 이 순간은 지나갈 것이다.

두려움은
과거의 경험에서 온다

놀이동산에 있는 유령의 집에 가 보면 기괴한 모습의 유령들이 곳곳에 세워져 있고 으스스한 음향효과로 무서움을 배가시킨다. 그러나 자세히 뜯어보면 유령들은 조잡하고 엉성하기 이를 데 없는 형상들이다. 우리가 느끼는 두려움도 놀이동산에 있는 유령의 집처럼 실체는 없고 허상인 경우가 많다. 자신의 기억 속에 만들어 놓은 공포를 붙들고 두려워하는 것이다.

나는 태어나서부터 열 살 때까지 산 속에서 살았다. 학교에 가자면 산 속에 나 있는 작은 길을 따라 일단 산을 벗어나야 했다. 어느 날 학교를 마치고 집으로 돌아오는 길이었다. 산모퉁이를 돌고 또 돌자 저 멀리 집 앞마당에서 엄마가 일하고 있는 모습이 보였다. 반가운 마음에 막 뛰어가려는 찰나 길 한가운데 뱀 예닐곱 마리가 함께 뭉쳐서 꿈틀거리고 있는 것이 보였다. 한 마리도 무서운데 예닐곱 마리가 한데 뭉쳐 있는 모습이라니……. 얼마나 놀랐던지, 가슴이 얼어붙는 느낌이었다. 앞으로도 뒤로도 움직일 수 없었다. 뱀들과 나 사이의 거리는 2미터 정도였다. 길의 폭은 1미터도 안 되는 좁은 길이었다. 집으로 가기 위해서는 그 길을 통과해야만 하는데, 도저히 발걸음이 떨어지지 않았다. 내가 한 발짝이라도 움직이는 순간 스르륵 움직이는 뱀들이 일제히 내게로 몰려올 것만 같았다.

요즘 같으면 핸드폰으로 아빠나 엄마에게 도움이라도 청하겠지만, 핸드폰은 생겨나지도 않았던 시절이다. 도움을 청하려면 큰소리로 누군가를 불러야 할 텐데, 큰소리는커녕 숨소리도 내기가 두려웠다. 내가 소리를 지르는 순간 그 소리를 알아챈 뱀들이 나를 공격할 것만 같은 공포가 숨 막히게 옥죄어 왔다. 내 발걸음 소리가 두려워 뒤로 물러날 엄두도 나지 않았다. 너무 놀라서였는지 그다음의 일은 기억나지 않는다. 얼마나 오랫동안 그 더운 날 땀을 뻘뻘 흘리며 길 한복판에 서 있었는지 정확히 모르겠다. 꼼짝없이 서 있었던 기억은 나는데, 어떻게 집으로 왔는지는 전혀 생각이 나지 않는다.

40년이 지난 지금까지도 고스란히 느껴지는 그때의 공포는 책에 나오는 뱀 사진이나 그림만 보아도 나를 움츠러들게 했다. 아이들이 가끔 만지작거리고 있는 장난감 모형만 보아도 거부감을 일으켰다. 사실 뱀에 대한 사진이나 그림, 모형은 실제 뱀이 아니다. 그냥 종이이며 플라스틱일 뿐이다. 하지만 실제 뱀을 보고 놀란 경험은 가짜 뱀을 볼 때도 두려움을 야기한다.

두려움을 붙들고 있는 것은 당신이다

우리가 느끼는 공포와 두려움은 과거의 경험에서 나온다. 과거의 경험을 토대로 현재의 순간 혹은 미래의 어느 날 같은 경험이 반복될까 봐 두려운 것이다. 하지만 현재에는 아무런 문제가 없다. 지금 이 순간은 아무런 문제도 없고 완벽하다. 당신의 현재를 잘 살펴보라.

사람들은 보통 현재의 범위를 길게 잡는다. 오늘을 현재로 생각하는 사람도 있고, 오늘을 중심으로 일주일가량을 현재로 생각하는 사람도 있다. 사람에 따라서는 조금 더 길게 한 달, 혹은 1년, 혹은 그 이상의 기간을 통틀어 현재로 생각하기도 한다. 하지만 현재란 말 그대로 지금 이 순간, 찰나의 시간을 말한다. 1분 전은 과거이고, 1분 후는 미래이다. 1초 전은 과거이고, 1초 후는 미래이다. 지금 이 순간 찰나의 순간들이 모여 계속된 현재가 진행된다. 이 부분을 제대로 이해해야 한다. 처음에는 이해하기 어려울 수도 있다. 우리가 평소에 깊게 생각하지 않고 넘어가는 부분이기 때문이다.

다시 생각해 보자. 당신은 어렸을 적에 아버지의 폭언과 폭력에 학대당하며 자랐다. 이제 아버지는 돌아가셨다. 이 세상에 없다. 그런데도 아버지를 떠올리면 어린 시절의 공포가 되살아난다. 순간적으로 두려움의 감정이 당신을 지배한다. 과거에 대한 기억으로 현재의 감정이 지배당한다. 여기까지는 이해하기 쉽다.

살짝 바꾸어 보자. 예를 들어 당신에게 폭력을 행사하는 남편이 있다. 한 달에 몇 차례씩 그런 일이 일어난다. 언제 또 같은 일이 반복될지 예측할 수 없다. 오늘 다시 그런 일이 반복될 수도 있다. 그럼 이 일은 당신에게 현재에 일어나고 있는 일로 이해된다. 하지만 사실 지금 이 순간은 아니다. 그 일이 5분 전에 일어났을 수도 있고, 5분 후에 일어날 수도 있지만 지금 이 순간은 아니다. 지금 이 순간 당신에겐 아무 일도 없다. 두려움에 휘둘리지 않고 다른 감정을 선택할 수 있다.

그런데도 우리는 두려움이란 감정을 현재로 가져와서 계속해서 고통 받는다. 물론 이 경우 감정 전환을 빨리 하기란 어려운 일이다. 타인에게 당하는 신체적 폭력은 당연히 두렵고 무섭다. 하지만 지금 당신이 해야만 하는 일은 두려움에 갇혀 옴짝달싹 못하는 것이 아니다. 두려움을 내려놓고 이 상황을 어떻게 개선할 수 있는지를 고민하고 실천해야 한다.

두려움을 내려놓기 위해서는 먼저 두려움을 회피하지 말고 직면해야 한다. 나는 구체적으로 무엇을 두려워하고 있는가? 남편이라는 사람 자체가 두려운 건가? 아니면 신체적 폭력으로 인한 육체적 통증이 두려운 건가? 분위기가 주는 공포심이 두려운 건가? 폭력으로 인해 죽을 수도 있다는 죽음에 대한 공포가 나를 두렵게 하는 건가? 왜 나는 이 상황을 거부하거나 종결짓지 못하고 있는가? 그 이면에는 또 어떤 두려움이 내재해 있는가?

두려움에서 빠져나오기 위해서는 두려움을 정면으로 직면해야 한다. 두려움의 실체를 꼼꼼히 파헤쳐라. 회피하지 마라. 당신이 회피하는 순간 두려움은 허상의 옷을 입고 더 큰 공포로 다가온다. 마치 놀이동산의 기괴한 인형들처럼. 두려움을 유발한 상황은 과거 속의 사건이고 현재에는 존재하지 않는다. 그 감정을 현재 붙잡고 있는 사람은 다름 아닌 당신이다. 당신이 그 감정에서 벗어나서 어떤 해결책을 생각하고 어떻게 행동하는지에 따라 똑같은 미래가 반복되지 않을 수 있다.

곰곰이 생각해 보라. 당신을 두렵게 한 그 상황이 지금 이 순간 존재하는가? 두려운 순간은 지나갔다. 그리고 새로운 두려움의 시간은 아직 오지 않았다. 그런데도 당신은 계속 두려움을 붙잡고 있다. 그 손을 놓아 버릴 수 있는 건 오직 당신뿐이다. 당신 자신의 이해와 용기로 놓아 버려야 한다. 그리고 지금 이 순간 같은 미래를 반복하지 않기 위해 무엇을 해야 할지 선택하고 결정해야 한다. 그다음 더 이상 머뭇거리지 말고 앞으로 나가야 한다. 그것이 과거의 두려움을 현재로 가져오지 않고 미래에 투사하지 않는 방법이다.

감정을
잘 표현한다는 것

살아가면서 자신의 감정을 당당하게 표현하는 일은 꼭 필요하고 중요하다. 인간은 같은 상황에서도 제각기 느끼는 감정이 다르고, 표현하지 않으면 아무도 알 수 없다. 언어나 표정이 상대에게 나를 알리는 수단이듯이 감정 표현 역시 나를 알리는 수단이다. 하지만 자신의 감정을 당당하게 표현하는 일이 누구에게나 쉬운 건 아니다. 어렸을 때부터 존중받고 자란 아이들은 자신의 의견을 잘 표현한다. 하지만 존중받지 못하며 자란 아이들은 어른이 되어서도 자신의 감정을 잘 표현하지 못한다. 또 기질적으로 자신의 감정을 적극적으로 표현하는 사람도 있고, 그렇지 않은 사람도 있다. 자신의 감정을 올바르게 표현하지 못할 때, 대인 관계에서 여러 가지 문제가 발생한다.

힘들고 어려운 인생을 살아오면서 나는 오랜 기간 마음공부를 해 왔다. 20년 넘게 마음공부를 하면서 인간의 내면에 대해 깊이 생각하게 되었다. 인간이 느끼는 많은 감정들에 대한 이해가 깊어져 갔다. 그러면서 예전 같으면 흥분하고 분노했을 많은 일들에 초연해져 갔다. 그러니 화낼 일이 점점 줄어들었다. 가끔 화날 일이 있긴 하지만 참지 못할 정도는 아니다. 거기에서 새로운 딜레마가 생겼다. 내 주변에서 일어나는 모든 일이 굳이 이해하려고 들면 이해하지 못할 일도 없고, 굳이 참으려면 참지 못할 일도 없었다. 그러니 웬만하면 그러려니 하면서 넘어가게 되는 것이다.

그러다 보니 가끔은 상대의 고의적이고 유쾌하지 않은 본심이 느껴져도 그냥 넘어갔다. 일일이 반응할 필요가 굳이 없었다. 왜냐하면 그들이 그런 행동을 보이는 데는 특별히 내가 그에게 뭔가 잘못을 해서가 아니었다. 그냥 단지 내가 자신의 스타일과 맞지 않아서인 경우도 있었고, 간혹은 경쟁심이나 시기심도 있었다. 또 때로는 나를 자신이 원하는 대로 변화시키고 싶은 사람도 있었다. 하지만 그것은 그들의 감정이나 생각이었고, 내가 어떻게 할 수 없는 그들의 마음 영역이다. 내가 굳이 그들의 감정이나 생각에 영향 받을 필요는 없다. 나는 그저 내 길을 가면 되는 것이다. 내가 좋아하고 원하는 길을 가면 되는 것이다.

처음에는 '내가 반응을 보이지 않으면 괜찮아지겠지'라는 생각에 가만히 있었다. 그런데 그중에는 이러한 무반응에 대해 점점 더 심한 말과 행동을 보이는 사람이 있다. 내가 별 반응을 보이지 않고 가만히 있으니 계속 그렇게 대해도 된다는 생각이 들었나 보다. 딜레마에 빠지게 되었다. 어떻게 할 것인가? 어떤 반응을 보일 것인가? 참자고 마음먹으면 굳이 못 참을 일도 아니다. 하지만 어디까지 참아야 하는 것인가? 참는다는 게 옳은 것이기는 한 건가? 정답이 무엇일까? 이 문제가 꽤 오랫동안 나를 혼란스럽게 했다.

그러다가 깨달았다. 이런 문제에 정답은 없다는 것을. 그 기준은 자신이 정하는 것이다. 인간은 다른 이들과 함께 더불어 살아가는 사회적 존재다. 모든 인간은 그 타고난 성품이 다르고 기질이 다르다. 좋아하는 것과 싫어하는 것이 다르고, 잘하는 것과 못하는 것이 다르다. 인생에서 우선시하는 가치도 다르다. 옳고 그름의 기준도 다르다.

그 틈바구니에서 나답게 잘 살아가기 위해서는 자신만의 기준이 필요하다. 나의 무반응으로 인해 상대의 부정적 감정이 계속 증폭된다는 건 그들에게도 좋지 않다. 여기까지는 용납하지만 여기서부터는 안 된다는 나만의 영역에 대한 기준이 필요하다. 그 기준을 정하는 것은 오직 자신이다. 그 기준을 정하라. 물론 그 기준 역시 살아가면서 변할 수 있다. 그 기준을 변화시켜 가는 것 역시 자신의 몫이다. 그렇게 자신의 기준을 정했다면 그 기준에 따라 자신의 감정을 당당하게 표현해도 좋다.

감정을 표현할수록 관계가 풀린다

작년 한 해 나는 군부대 강의를 정말 많이 다녔다. 그전까지는 당일 코스가 많았는데 작년에는 2박 3일 강의를 많이 진행하게 되었다. 군부대 특성상 전라도, 경상도, 충청도, 강원도 등 전국 각지에 분포되어 있으니 거리가 먼 곳은 하루 전에 도착해야 한다. 그러니 실질적으로는 3박 4일 코스다. 어떤 달은 한 달의 반을 군부대에서 보낸 듯싶다.

군부대 강의는 혼자서 갈 때도 있지만 여러 명의 강사가 함께 움직여야 할 때도 많다. 이렇게 함께 움직여야 할 경우 대개 한 대의 차를 같이 이용한다. 차 없이 다니는 강사도 많은데 군부대의 특성상 시내와 멀리 떨어져 있는 곳이 많아서 이동이 힘들기 때문이다. 나 역시 결혼 후 아이들이 어릴 때, 차가 없어서 힘들고 고생한 경험이 있어 흔쾌히 함께 차를 타기로 했다. 하지만 함께 뭔가를 한다는 것은 쉽지 않은 일이다. 내가 힘들었던 가장 큰 이유는 '시간'이었다.

장애 아이를 키운다는 건 비장애 아이를 키울 때보다 몇 배의 시간과 체력이 요구된다. 왜냐하면 그 아이의 생활 대부분을 엄마가 함께하기 때문이다. 시각 장애 1급인 막내는 일단 등하교를 혼자 할 수 없다. 그러니 무슨 일이 있어도 엄마는 아이의 등하교 시간에 맞추어 학교에 가야 한다. 그래서 몇 년 전까지만 해도 자유롭게 일을 할 수가 없었다.

강의와 상담 요청이 들어와도 아이의 등하교에 지장이 없는 수준에서 제한적으로 일을 맡아야 했다. 여러 가지 방법을 모색하고 아이가 조금씩 커 가면서, 등하교 문제가 어느 정도 해결되었다. 그러면서 3박 4일의 군부대 강의가 가능해졌다.

하지만 여전히 해결되지 않은 많은 문제가 남아 있고, 그 일들은 미해결 자체로 그저 내 삶의 일부분이다. 예를 들어 아이는 시각 장애가 있어 기본적으로 운동량이 부족하다. 건강 관리를 위해서는 어느 정도 운동을 해 줘야 하는데 등산이든 수영이든 혼자서는 불가능하다. 반드시 함께 동행을 해야 한다.

악기 레슨을 받기 위해서 한두 시간 차를 타고 가야 하는데 이것 역시 혼자서는 불가능하다. 왕복 5시간 정도 소요되는 이 일정을 일주일에 몇 번은 꼭 함께 가야 한다. 이런 상황이니 아이의 하교 후 시간은 내 일정보다는 아이의 일정에 따라 움직여야 한다.

즉, 내 몸은 하나인데 두 사람의 일정을 소화하면서 살아야 하는 것이다. 게다가 주부로서 기본적으로 해야 하는 가사노동 시간도 확보해야 한다. 당연히 체력적으로도 아주 힘들다. 그러니 최대한 시간을 잘 활용하여 틈틈이 쉬어 줘야 체력이 유지된다. 내 에너지가 고갈되지 않아야 그 많은 역할들을 차질 없이 수행할 수 있다. 따라서 시간 관리는 내게 아주 중요한 일이다.

그런데 다른 사람들과 3박 4일의 일정을 동행하게 되면서 문제가 발생했다. 번번이 시간을 지키지 않는 사람이 있었다.

처음에는 '어쩌다 보니 그렇게 되었겠지. 설마 다음에는 지키겠지'라는 생각으로 그냥 넘어갔다. 하지만 그런 일이 되풀이되니 점점 불편하고 힘들어진다. 내가 전용 기사도 아닌데, 매번 차를 대놓고 언제 나올지 모르는 사람을 기다리는 상황이라니……. 그렇다고 차가 없는 걸 뻔히 아는 상황에서 나 혼자 이동할 수도 없는 노릇이다. 좋은 말로 웃으며 여러 번 부탁했다.

"몇 시에 맞추기로 약속할까요? 선생님 편하신 대로 정하세요. 대신 그 시간은 꼭 지켜 주세요."

나로서는 약속 시간을 그 선생님에게 맞춘 것 자체가 이미 배려였다. 내가 그 시간을 맞추기 위해 무엇을 포기해야만 했는지 그들은 모른다. 그리고 그 포기 속에는 내 아이가 포기해야만 했던 시간들도 포함되어 있다는 것을 그들은 모른다. 물론 그들이 그것을 알아야 할 필요는 없다. 그건 내 몫의 삶이고 내가 감당해야 할 부분이다. 하지만 최소한 약속 시간은 지켜야 한다는 것이 내 생각이다.

특히나 강의 일을 하는 강사 세계에서 시간을 지킨다는 것은 전문가로서 지켜야 할 필수사항이다. 그런데 그 시간들이 번번이 지켜지지 않을 때, 나는 너무 힘들다. 결국 내 감정을 표현하고 나서야 되풀이되던 그 상황은 어느 정도 개선되었다.

물론 대다수 강사들은 시간을 잘 지킨다. 시간을 지킨다는 것은 강사들의 세계에서 가장 기본적인 요소이면서 필수요소이기 때문이다. 이런 강사들만으로 팀이 짜일 때, 3박 4일의 교육 일정은 아주 유쾌하게 마무리된다. 때로는 교육 후 그 지역의 유명한 관광지도 관람하고, 맛집도 찾아다니면서 쾌적하고 행복한 시간을 보낸다.

이 일을 겪으면서 자신의 감정을 제대로 표현하는 것이 얼마나 중요한 일인지 새삼 느꼈다. 내가 좀 더 일찍 내 감정을 표현했다면, 좀 더 일찍 나의 권리와 자유를 찾을 수 있었을 것이다. 자신의 삶에서 지키고 싶은 영역이 있다면 그 기준을 명확히 해야 한다. 그런 다음 망설이지 말고 자신의 감정을 당당하게 표현하라.

나를 행복하게 하는
일을 찾아라

"지혜야, 사랑해. 나는 너를 정말 사랑해. 고마워."

자신을 향해 사랑한다고 말해 본 적 있는가? 없다면 한번 해 보라. 거울을 보고 큰소리로 또박또박 말해 보면 생각만큼 잘되지 않는다. 그만큼 우리가 자신을 사랑하는 일에 익숙하지 않아서다. 처음에 거울을 보고 시도했을 때 무척 어색했던 기억이 난다. 혼잣말 하듯 작은 소리로 말하는 게 아니라, 또렷하게 들리도록 큰소리로 말해 보라. 어색해서 표정이 굳어질 수도 있다. 집에서 혼자 있을 때 연습해도 좋고, 자동차에서 혼자 연습해 봐도 좋다. 첫날은 서툴지만 며칠 지나면 점점 익숙해진다. 그러면서 몇

십 년 동안 그토록 수고한 나 자신을 진실로 사랑해 주지 않았음을 깨닫게 된다.

자신을 사랑한다는 것은 어떤 것일까? 자신이 가진 내면의 욕구에 따라 사는 것이다. 자신을 올바르게 사랑하는 사람은 내면의 욕구를 외면하지도 않고 억압하지도 않는다. 그런데 요즈음 자신이 무엇을 원하는지 잘 모르는 사람이 의외로 많다. 자신의 욕구를 잘 파악하지 못하게 된 원인은 여러 가지가 있다.

첫째, 어린 시절부터 나의 욕구가 아니라 부모님의 욕구에 따라 살아왔다.

둘째, 어른이 된 후에도 내가 원하는 것을 하면서 살기를 허용하지 않는 사람들이 주변에서 영향력을 행사한다. 연인이나 배우자일 수도 있고 부모님일 수도 있다.

셋째, 경제적 여건이나 육아 등을 이유로 내가 원하는 것을 할 상황이 못 된다.

이런 상황이 반복되다 보면 어느 순간 자신이 무엇을 원하는지 생각조차 하지 않고 산다. 어차피 할 수 없으니 포기하는 것이다. 그러면서 삶이 무의미해지고 무기력해진다. 삶에서 열정이 사라지고, 활기가 사라진다. 다람쥐 쳇바퀴 돌 듯 반복되는 일상이 권태롭고 우울하다. 아침에 일어나면 습관처럼 일터로 향하고, 밤이 되면 피곤에 절어 집에 온다.

직장에 다니지 않는 주부도 아침이면 분주하고, 밤이 되면 피곤하기는 마찬가지다. 아이들 역시 아침이면 졸린 눈을 비비고 일어나 학교에 가고, 하루 종일 학원을 들락거리다 밤이 되면 에너지가 고갈되어 집으로 돌아온다. 열정이 사라진 삶은 얼마나 권태로운가? 꿈이 사라진 삶은 얼마나 지루한가?

그렇다면 열정이란 무엇일까? 나는 '열정'이란 '그 대상에 대한 지치지 않는 사랑'이라고 생각한다. 나에게 있어 열정의 대상은 '책 읽기'이다. 아주 어릴 적부터 책 읽기는 나에게 최고의 행복이었고, 멈출 수 없는 사랑이었다.

책이 아주 귀하던 어린 시절, 마음에 드는 한 권의 책을 백 번도 넘게 읽었다. 때가 되면 밥 먹으라고 부르는 부모님의 눈을 피하기 위해 참 열심히 숨어 다녔다. 이유는 단 하나였다.

한창 책에 몰입해 있을 때, 흐름을 방해받고 싶지 않았기 때문이다. 창고로, 뒤뜰로, 다락방으로, 책상 밑으로, 장롱 속으로, 급기야는 아무도 찾을 수 없는 커다란 나무 위에 올라가서 읽었던 기억이 난다. 이렇게 무언가에 순수히 열정을 쏟아붓던 시간은 평생 기억에 남는다.

자신을 사랑하면 외롭지 않다

그 당시 학교에는 요즘처럼 사물함이 없었다. 급식 제도도 없었기 때문에 각자 도시락을 싸 가지고 다녀야 했다. 중학생 때 교과서랑 준비물, 체육복, 실내화, 도시락 등을 넣고 나면 가방이 꽉 찼다. 학교 가서 틈틈이 읽을 문학책을 넣어 가고 싶은데 넣을 공간이 없었다. 결국 책 읽기에 대한 유혹을 포기할 수 없어서 도시락을 포기했다. 어차피 밥 먹을 시간에 책 읽는 것이 더 행복했으니 그다지 고민할 거리도 아니었다.

이렇게 책을 좋아하니 당연히 많이 읽게 되고, 많이 읽으니 저절로 글이 나왔다. 입력된 것이 많으니 때가 되면 저절로 출력이 되는 것이다. 어느 순간 내가 의도하지 않고 애쓰지 않아도 교내외 글짓기 상을 휩쓸게 되었다. 시와 산문을 가리지 않고 되는 대로 썼고, 쓰는 만큼 상을 받았다. 그러자 당연히 학교 대표로 시 대회, 도 대회, 전국 대회에 출전하게 되었다. 학교 대표로 출전한 대회에서도 나가는 족족 상을 받아오자 급기야 학교에서 나를 위해 '문예 장학생'이라는 제도를 만들었다. 내가 중학생이었던 때는 등록금을 내고 학교를 다녔던 시절이다. 나를 위해 새롭게 만들어진 '문예 장학금' 제도로 나는 등록금을 내지 않고 학교에 다닐 수 있었다.

또 매주 월요일 아침이면 전교생을 운동장에 모아 조회를 했다. 자주 단상에 올라 교내외의 글짓기 상을 받으니, 같은 학년이 아니어도 내 이름을 모르는 학생이나 선생님이 없었다. 그러한 경험은 나의 자존감을 높여주는 역할을 했다. 무엇보다 내가 좋아하는 책을 마음껏 읽을 수 있다는 사실이 행복했던 시기였다. 그런데 고등학교에 진학하게 되면서 문제가 생겼다. 학교 공부보다 문학 책에 심취해 있는 나를 보고 엄마가 어느 날 무서운 목소리로 선포를 했다.

"너 한 번만 더 공부 안하고 다른 책 보고 있으면 집에 있는 책 다 불살라 버린다."

그 말이 얼마나 충격적이었는지, 나는 고등학교 시절 내내 3년 동안 단 한 권의 문학 책도 읽지 않았다. 그토록 아끼는 책들이 다 불살라질 수 있다는 사실에 놀랐다. 그러면서 생각했다.

'그래. 3년만 참자. 딱 3년만 참고 책 읽지 말고, 대학 가서 마음껏 읽자.'

정말 그러면 되는 줄 알았다. 하지만 3년이 지나 대학생이 되어 다시 책을 읽게 되었을 때는 이미 내 문학적 감수성이 멈추어 있었다. 여전히 책을 좋아하기는 했지만 3년 전의 느낌과는 달랐다. 무엇보다도 글쓰기 실력이 3년 전 중학생 수준에 머물러 있다는 것을 깨닫게 되었다. 단순히 글쓰기 실력이라기보다는 글을 통해 표현되는 내 문학적 감수성이 중학생 수준으로 멈추어져 있다는 느낌이 왔다.

그 후로 더 이상 글을 쓰지 못했다. 문학적 감수성에 대한 넘을 수 없는 벽이 나를 가로막고 서 있는 기분이었다. 뭔가 가로막힌 그 기분은 몇 년 동안 내 가슴을 답답하게 했다. 사라져버린 재능이 안타까웠고 아쉬웠다. 하지만 다시 되돌릴 수 없는 시간이기도 했다. 그렇게 나는 내가 정말 좋아했고 사랑했고 잘할 수 있었던 나의 재능을 떠나보냈다. 중학교 시절의 나를 알고 있는 몇몇 친구들은 가끔 나에게 이런 말을 한다.

"나는 네가 당연히 국문과에 진학할 줄 알았어."

어쩌면 그 시절 내가 책 읽기를 금지 당하지 않았다면 그랬을지도 모른다. 모든 것에는 때가 있는 법이다. 농부가 씨앗을 뿌릴 때도 적절한 때가 있고, 수확을 할 때도 적합한 때가 있다. 재능을 꽃 피울 때도 알맞은 때가 있다. 봉우리를 맺을 시기가 따로 있듯이, 활짝 꽃 피울 시기도 따로 있는 것이다. 부모의 짧은 생각으로 그 시기를 방해하지 마라. 아이가 자신의 타고난 재능으로 활짝 펼쳐지는 그 순간을 방해하지 마라.

글쓰기를 그만두었어도 나는 여전히 책 읽기를 사랑했다. 가장 힘들고 절망스러웠던 순간에도 책이 있어서 버틸 수 있었다. 책 읽기는 나를 지탱해 주는 힘이었고, 내가 나를 아끼고 사랑하는 방식이었다. 책이 있어 나는 어떤 순간에도 외롭지 않았다. 이제 나는 30년 넘게 중단했던 글쓰기를 이렇게 다시 시작했다. 어린 시절의 나를 떠올리면서 서툴지만 새로운 첫발을 내딛었다.

당신의 어린 시절을 떠올려 보라. 반드시 어린 시절이 아니어도 좋다. 당신이 시간 가는 줄 모르고 도취했던 그 일을 기억해 내라. 누구에게나 삶의 어느 순간에 그런 경험이 있을 것이다. 그 경험을 찾아 이 순간으로 가져오라. 아직도 늦지 않았다. 당신을 행복하게 하는 그 일을 시작하기에 늦은 때는 없다. 전부가 아니어도 좋다. 한 걸음부터 시작하면 된다.

자신을 사랑한다는 것은 자신을 행복하게 하는 내면의 욕구에 따라 사는 것이다. 자신의 열정과 꿈을 따라서 사는 것이다. 자신의 열정과 꿈을 추구하며 사는 사람은 외롭지 않다. 자신을 사랑하고 자신과 더불어 행복할 수 있는 사람은 외롭지 않다.

4장

좋은 감정 습관을 위한 내려놓음

고통스런 감정에 대한
집착을 버려라

어렸을 적 부모님이 운영하던 가게 한쪽에 작은 슈퍼가 생겼다가 사라진 적이 있다. 아마 한 달 가까이 되는 기간이었던 듯싶다. 어느 날 학교에서 돌아왔는데 느닷없이 우리 가게에 슈퍼가 차려져 있었다. 갑자기 눈이 휘둥그레지며 엄청 신났다. 왠지 진열대에 차려진 과자를 마음껏 먹어도 될 것만 같은 착각 때문이었을 것이다. 군것질이 부족한 형편도 아니었다. 먹고 싶다고 말하면 얼마든지 사 줄 형편이었는데도 괜스레 그런 마음이 들었다. 아마 어린 마음에 그저 알록달록 화려하게 진열된 과자 봉지들이 마음을 들뜨게 했나 보다. 어렸을 때의 일이라 우리 집에 슈퍼가 차려진 자세한 이유는 기억나지 않는다. 아마도 앞집 가게가 잠시 공사를 하게 되어 우리 가게에 몇 주 머물다 간 듯싶다.

그 당시에 나는 가게 바로 옆에 붙어 있는 쪽방에서 잤는데, 책을 무지 좋아해서 밤늦도록 책을 읽곤 했다. 그런데 어느 날 밤 가게에 있는 땅콩이 먹고 싶었다.

평소에 잘 먹지도 않고, 지금도 그다지 좋아하지 않는 땅콩이 왜 갑자기 먹고 싶었는지 모르겠다. 술안주용으로 파는 땅콩이었으니 한 봉지 안에 20알쯤 들어 있었을까? 많지도 않은 양이었다. 깜깜하게 불이 꺼져 있는 가게에 방문을 열고 살금살금 나가서 한 봉지를 가져다 먹었다.

그리고 며칠이 지나서 또 한 번, 아마 서너 차례 가져다 먹은 듯싶다. 그냥 먹고 싶다고 말하면 엄마가 사 줄 텐데, 왜 그랬을까? 지금 당장 먹고 싶기는 한데, 밤이 깊어 잠들어 버린 엄마를 깨우면 혼날까봐 그랬을 것이다. 다음 날 이야기를 하자니 몰래 훔쳐 먹은 게 들킬까 봐 내키지 않았다.

그런데 그 몇 번의 행동이 거의 40년이 지난 지금까지도 내 마음속에 불편함으로 남아 있다. 그렇게 오랫동안 그로 인한 죄책감에 찝찝해 할 것을 알았다면 절대 그러지 않았을 것이다. 곰곰이 생각해 보면 왜 그리 오랫동안 그 문제가 내 머리 속에 죄책감이라는 이름으로 남아서 나를 괴롭혔는지 모르겠다.

사실 어렸을 때 이웃집의 땅콩 몇 봉지 먹은 게 뭐 그리 오랫동안 가슴에 담아두고 죄책감을 느낄 일인가.

그런데 우리는 아주 어렸을 때부터 남의 것을 말없이 훔치면 나쁜 짓이라는 교육을 받으며 자란다. 물론 남의 것을 훔치는 건 하지 말아야 할 일이다. 하지만 땅콩 몇 알 때문에 그리 오랫동안 생각하며 마음 불편해 하는 것도 바람직한 일은 아니다. 사람이라면 당연히 죄책감을 느껴야 할 중대한 일도 분명히 있다. 하지만 불필요한 죄책감은 사람을 힘들고 고통스럽게 한다.

우리 사회는 아주 어렸을 때부터 죄책감을 가질 수밖에 없도록 아이들을 교육한다. 사실 아이들이 자라면서 아주 사소한 것이라도 남의 물건에 전혀 손대지 않고 자라기가 어디 쉬운 일이던가? 알게 모르게 많은 아이들이 그런 경험을 하면서 자라난다.

그런데 호기심이나 장난 같았던 그 사소한 일에 너무 오랜 기간 심리적으로 편치 않음을 느낀다. 거짓말하지 말라고 배우며 자라지만 살면서 거짓말 한 번 안 하고 살기가 어디 가능한 일이던가? 그것이 선의의 거짓말이든, 순간의 곤란함을 모면하기 위한 방책이든, 싫음을 거절하기 위한 수단이든 우리는 소소한 거짓말을 하며 산다.

또 우리는 가족을 사랑하고, 친구를 사랑하고, 이웃을 사랑하며 살아야 한다고 배우며 자란다. 하지만 살다 보면 어떻게 매 순간 모든 사람을 사랑하며 살아갈 수 있을까? 불가능하다. 처음부터 실현 불가능한 규율을 교육받은 어린아이는 성장하면서, 자신은 그런 사람이 될 수 없음을 깨닫게 된다. 그렇게 살아야 하는데, 자신은 그렇게 살아지지가 않는다. 그렇게 살아야만 한다는 당위성과 자신은 그럴 수 없다는 현실 사이에서 죄책감을 가지게 되는 것이다.

살다 보면 때론 부모를 사랑할 수 없는 순간도 오고, 친구를 사랑할 수 없는 순간도 온다. 연인이나 배우자를 사랑할 수 없는 순간도 온다. 이러한 감정의 변화는 자연스러운 삶의 한 부분이다. 그 자연스러움을 허용하지 않음으로써 죄책감을 느끼게 되고, 괴로워한다.

또 우리를 힘들게 하는 감정으로 미움이 있다. 누군가를 미워해 본 적이 있는가? 미움은 왜 생기는 것일까? 물론 어느 순간 미워하게 된 계기가 있었을 것이다. 하지만 미움이 오래가다 보면 미워하기 때문에 더 미워지는 감정의 증폭 현상을 경험하게 된다.

똑같은 행동이라도 다른 사람이 아닌 그 사람이 하기 때문에 미운 일도 있다. 왜 그럴까? 그 사람이 싫기 때문이다. 그럼 왜 싫을까? 물론 유난히 얌체 같은 행동을 하거나, 얄미운 행동을 해서 싫은 경우도 있다. 하지만 그런 구체적인 이유 없이 그냥 싫은 경우도 있다. 미운 행동을 해서 미운 것은 이해할 수 있다. 그런데 아무 이유 없이 미운 것은 왜일까?

내 안에 존재하지만 결코 인정하고 싶지 않은 나의 한 부분을 상대에게서 볼 때, 우리는 상대를 싫어한다. 내 안에 있는 싫은 모습을 보고 싶지 않은 것이다. 마치 거울에 비춰진 못난 나를 보면 짜증이 나듯이 싫은 것이다.

우리는 흔히 비열함이나 비겁함, 겉 다르고 속 다른 행동, 지나치게 이기적인 행동을 보이는 사람을 싫어한다. 그러면서 나는 그렇지 않다고 자부한다. 하지만 좀 더 깊이 생각해 보라. 내 안에 그런 속성들이 1%도 존재하지 않는다면 그러한 속성을 싫어할 수 없다. 왜냐하면 인간은 전혀 알지 못하는 것을 싫어할 수 없기 때문이다. 그러한 속성을 싫어할 수 있다는 건 그것이 어떤 감정이고 무엇인지 알기 때문이다. 결국 내 안에도 그러한 속성이 존재하기 때문이다. 단지 내 안에 존재하는 그러한 속성들을 좋아하지 않으며 인정하고 싶지 않을 뿐이다

또다시 이런 감정이 올라올 때, 그래서 누군가가 미워지고 싫어질 때, 거부하지 말고 인정해 보라. 내 안에도 이런 속성들이 있음을 인정하고 깊은 이해와 연민을 느껴 보라. 미움과 싫음으로 가는 에너지가 한결 줄어든다.

집착도 자신을 참 고통스럽게 하는 감정이다. 물건에 대한

집착도 있고 연인이나 배우자, 자녀에 대한 것처럼 사람에 대한 집착도 있다.

사람에 대한 집착은 본인뿐만 아니라 상대방도 아주 힘들게 한다. 가끔 뉴스에 이별을 통보한 연인에게 돌이킬 수 없는 일을 저지르는 경우가 심심치 않게 보도된다.

자녀에 대한 집착도 잘 점검해야 할 대상이다. 요즘은 지나치게 자녀의 뒷바라지에 열심인 엄마들이 많다. 열심과 집착을 구분할 수 있어야 한다. 분명히 집착인데 본인은 열심이라고 착각하는 경우가 있다. 열심과 집착을 구분할 수 있는 기준은 무엇일까?

예를 들어 자녀가 어떤 대회나 시험을 준비하고 있다고 치자. 성심껏 부모가 뒷바라지했는데 시험 결과는 불합격이다. 부모가 기대하고 원했던 결과가 나오지 않았을 때, 좀 아쉽기는 하지만 아이를 위로하고 격려하며 지나갈 수 있다면 순수한 열심이다. 하지만 부모가 너무 속상해서 머리 싸매고 드러누울 상황이면 집착이다.

이처럼 마음을 고통스럽게 하는 감정들에는 여러 가지가 있다. 죄책감, 미움, 집착, 원망, 망설임, 외로움, 소외감, 열등감, 우울감, 환멸, 증오, 무기력감, 분노, 불안, 두려움……. 이 모든 감정들이 인간을 고통스럽게 한다. 우리는 이런 감정들로부터 어떻게 벗어날 수 있을까?

고통스런 감정에서 벗어나는 법

어느 숲속에 현자가 살고 있었다. 삶에서 일어나는 어떤 문제에도 현명한 답을 줄 수 있는 위대한 현자라고 알려져 있었다. 많은 사람들이 여러 가지 문제를 들고 현자를 만나러 숲속에 왔다. 어느 날 한 젊은이가 어떠어떠한 일로 마음이 너무 괴롭고 고통스러운데 어떻게 하면 이 괴로움을 없앨 수 있을지 방법을 알려달라고 청했다.

아무 말 없이 젊은이의 말을 듣고 있던 현자가 벌떡 일어나더니 오두막 밖으로 나간다. 그러더니 옆에 있는 큰 나무 기둥을 붙잡고 매달려 소리를 지른다.

"아이쿠. 내 몸이 나무에 붙어 버렸네. 누가 나 좀 떼어 주시오. 내 몸이 꼼짝을 못 하네. 살려 주시오" 하면서 소리를 지른다.

무슨 일인가 싶어 따라 나간 젊은이는 어이가 없어서 "그러지 마시고 어서 내 문제부터 좀 해결해 주십시오"라고 말한다.

현자는 들은 척 못 들은 척 계속해서 나무 기둥을 붙잡고 소리를 지른다.

"아이쿠. 어서 나부터 살려 달라니까. 나무에서 내 몸 좀 떼어 주시오. 힘들어서 못 살겠네"라며 더 아우성친다.

자신의 마음이 너무 괴로워 도움을 청하고자 먼 길을 떠나온 젊은이는 이제 황당하다 못해 화가 나기까지 한다. 몇 시간을 그렇게 시간이 흘러가니 더 이상은 기다리기 힘들다.

"제발 장난 그만 치시고 답 좀 주십시오. 날도 벌써 어둑해지고 갈 길도 먼데 빨리 돌아가 봐야 합니다. 나무가 어떻게 사람을 붙잡습니까? 어르신이 나무를 붙잡은 손을 그만 떼시면 되지 않겠습니까?"

그제야 현자는 나무 기둥을 잡은 손을 떼고 돌아서서 젊은이를 보더니 답한다.

"그래. 바로 그거네. 괴로움이 자네를 붙잡고 있는 게 아니네. 고통이 자네를 붙잡고 있는 게 아니란 말일세. 자네가 계속 그것들을 붙잡고 있지 않은가? 그만 놓아 버리게. 자네가 놓아 버리는 순간 다 해결된다네."

그렇다. 마음을 고통스럽게 하는 감정이 있다면 내려놓으면 된다. 그런데 내려놓지 않고 꼭 붙잡고 있으면서 힘들다고 아우성이다. 감정에 대한 집착도 집착이다. 누가 그 감정들을 붙잡고 있는가? 당신이다. 당신이 붙잡고 있는 것이 물질이든, 사람이든,

감정이든 놓아 버리면 된다.

죄책감이 당신을 고통스럽게 한다면, 이제 그만 놓아 버려라.

미움이 당신을 고통스럽게 한다면, 이제 그만 놓아 버려라.

집착이 당신을 고통스럽게 한다면, 이제 그만 놓아 버려라.

나와 감정은
별개

사회적으로 '묻지 마 폭력'이 이슈가 되고 있다. 피해자와 가해자 사이에 어떤 인과관계가 있다면 그나마 상황이 이해가 된다. 그러나 때로는 아무런 인과관계 없이 어느 날 갑자기 사건이 일어난다. 당하는 사람의 입장에서는 그야말로 마른하늘에 날벼락이다. 그 피해가 수습 가능한 것이라면 그나마 다행이다. 하지만 수습이 안 되는 경우도 많아 보는 이들의 마음을 아프게 한다. 가해자들에게 왜 그런 행동을 했느냐고 물어보면 명확한 이유를 말하는 사람도 있지만, 그렇지 못한 경우도 많다. 이때 번번이 하는 대답이 "그냥. 화가 나서. 나도 모르게 그랬다"라는 것이다.

'나도 모르게'라는 말은 내가 감정을 지배하지 못하고, 감정이 나를 지배하고 있다는 뜻이다.

흔히 '감정의 주인이 돼라'고 말하지만 쉽지 않은 일이다. 감정의 주인이 된다는 것은 자신의 내면에서 일어나는 감정에 대해 그 배경과 뿌리를 이해하고, 그 감정에 대한 선택과 결과에 책임을 진다는 것이다.

많은 사람들이 순간적으로 불같이 화를 내고는 "나도 모르게 그랬다"라는 말과 함께 후회를 한다. 가끔은 이웃 간에도 이런 충돌이 일어난다. 동료나 친구 사이에서도 일어나는 일이다. 부부 싸움에서도 그렇다. 남편이 아내에게, 혹은 아내가 남편에게 폭발하듯 화를 쏟아 부은 후 나도 모르게 그랬다고 말한다.

특히나 많은 부모들이 아이에게 화를 내고는 '나도 모르게'라는 말과 함께 후회와 자책을 반복한다.

아이에게 누구보다 좋은 부모가 되어 주고 싶은데, 생각처럼 잘되지 않으니 자신이 못나 보인다. 아이에게 미안해진다. 스스로를 자책하게 된다. '이제 그러지 말아야지' 생각하지만 비슷한 상황이 닥치면 마찬가지 반응을 보인다. 내가 감정을 지배하는 게 아니라, 감정이 나를 지배하기 때문이다.

몸, 감정, 생각은 내가 아니다

　나는 왜 감정을 조절하지 못하고 감정에 휘둘릴까? 감정과 나를 동일시해서 그렇다. 육체가 나의 전부가 아니듯, 감정도 나의 전부가 아니고, 생각도 나의 전부가 아니다. 우리의 언어 습관을 잘 살펴보라. 우리는 흔히 이렇게 말한다.

　"내 몸에 이상이 있는 것 같아."

　"내 감정은 지금 슬퍼."

　"내 생각에는 이것이 틀리고 저것이 맞아."

　즉, 몸, 감정, 생각은 내가 아니라 나의 소유물이다. 그런데 우리는 자주 내 몸과 감정과 생각을 나라고 착각한다. 비유하자면 몸은 외투, 감정은 티셔츠, 생각은 속옷이라고 할 수 있겠다. 그래서 몸이 아프거나 다치면 추운 날 외투를 빼앗긴 듯 힘들다. 감정에 생채기가 나면 속살이 드러나게 티셔츠를 빼앗긴 듯 창피하고 화가 난다. 나의 생각이나 관념이 틀렸다고 누군가가 말하면 마지막 속옷을 빼앗긴 듯 고통스럽고 자존심이 상하며 분노가 일어난다.

　몸, 감정, 생각은 내가 아니다. 이 모든 것을 지켜보는 '의식'이 바로 나다. 몸이 아플 때, 그 통증을 알아채는 의식이 있다. 이것이 나다. 슬픈 감정을 느낄 때, 그 슬픔을 알아채는 의식이 있다. 이것이 나다. 어떤 생각을 할 때, 그 생각을 알아채는 의식이 있다. 이것이 나다. 감정의 주인이 되려면 내가 감정이 아님을 알아야 한다. 감정과의 동일시에서 벗어나야 한다. 동일시에서 벗어나야 나와 감정 사이에 간격이 생긴다. 간격이 생겨야 관찰자의 입장에서 내 감정을 바라볼 수 있다. 거리를 두고 바라볼 수 있어야 내 의지대로 감정 조절이 가능하다.

몇 년 전에 아들이 안방 큰 유리창을 통째로 깬 일이 있다. 아마 아들을 키워 본 부모라면 짐작할 수 있을 것이다. 아들을 키운다는 것은 어찌 보면 컴퓨터 게임과의 전쟁이라고 할 만큼 게임 시간을 조절하기가 힘들다.

그날도 약속된 컴퓨터 게임 시간 1시간이 훌쩍 지났는데, 게임에 심취한 아이는 멈출 생각을 안 한다. 오며가며 서너 번 시간이 다 되었다고 이야기를 해도, 아마 그 말 자체가 안 들리는 듯싶다. 급기야 아이 아빠가 전원을 꺼야겠다는 말을 했다. 그 말을 들은 아이가 순식간에 침대 위로 뛰어 오르더니 발로 차서 유리창 전부를 와장창 깨 버렸다.

1월 초 한겨울이라 침대에는 두꺼운 스웨이드 이불이 깔려 있었다. 큰 유리창 세 개가 와르르 무너졌으니 유리 파편 하나하나가 부드러운 스웨이드 이불 한 올 한 올에 다 박혔다. 이불만이 아니라 침대 커버랑 패드까지 도저히 세탁으로는 해결할 수 없는 지경이라 모두 버려야만 했다. 아이 발에서는 피가 철철 흐르고 밤 12시가 다 되어 가는 시간이라 아래층 사람들도 신경 쓰였다. 아이가 엄청난 분노로 폭발하자, 아이 아빠도 걷잡을 수 없이 화를 냈다.

그런데 신기하게도 내 마음은 흥분하지 않고 차분하게 가라앉았다. 오랜 마음공부 덕분이었다. 흥분하지 않고 차분하게 상황을 볼 여유가 있었다. 먼저 다친 아이의 발 상태부터 살폈다. 다행히 위험한 수준은 아니었다. 일단 아이와 아빠 둘 다 흥분을 가라앉히라고 다독였다. 그 후 아이의 발을 흐르는 물에 씻기고 약을 발랐다. 그런 다음 한겨울 매서운 바람이 불고 있어 유리창 문제를 해결해야 했다. 너무 늦은 시간이지만 혹시나 전화를 받는 곳이 있는지, 유리창 업체에 전화를 돌렸다. 다행히 연락이 닿는 곳이 있어서 밤 1시에 새 유리창을 교체해 주었다. 그토록 늦은 시간에 와 주다니 참 감사한 일이었다.

아이의 흥분과 분노는 가라앉았지만 이제 책임 문제를 이야기할 시간이었다. 어느 정도 수준에서 아이가 자신의 행동에 책임을 지게 할지 그 기준을 적절하게 잡아 줘야 한다. 너무 가벼워도 안 되고, 너무 무거워도 안 된다. 바꾸어 말하면 아이가 져야 할 책임을 부모가 모두 해결해 줘서는 안 된다. 또 아이가 그 나이에 감당할 수 없는 책임을 무리하게 요구해서도 안 된다.

마음을 가라앉힐 얼마간의 시간이 지난 후 아이와 대화를 나눴다. 일단 깨진 유리창을 치우는 일은 아이가 하기에는 다칠 우려가 있어 아빠와 내가 해 주기로 했다. 그다음에 버리고 새로 구입해야 할 이불 값을 아이의 통장에 모아 둔 용돈으로 지불하기로 했다. 그리고 컴퓨터 게임을 1년 동안 중단하는 것으로 사건은 마무리됐다. 아이는 자신의 약속을 잘 지켰고, 그 후로 많이 안정되고 성장했다.

아이를 훈육할 때 중요한 것은 부모가 가져야 할 태도이다. 대개의 부모들이 처음에는 아이를 훈육할 목적으로 타이르다가 어느 순간 본래의 목적을 잊어버린다. 화를 내거나 거친 언어를 내뱉는 아이를 보면서 같이 흥분한다. 애초 훈육의 목적을 기억하지 못하고 이기고자 하는 감정 대립으로 치닫는다.

아이와의 관계에서 감정이 올라올 때 자신과 아이의 감정을 잘 살펴볼 수 있어야 한다. 처음에는 잘되지 않을 것이다. 나도 그랬다. 감정에 휩싸이고 폭발한 후에 알아채고 후회했다. 하지만 연습하면 할수록 익숙해진다.

익숙해지면 화가 올라오기 전에 아이의 감정과 내 감정을 바라볼 수 있다. 나와 감정 사이에 간격이 생긴 것이다. 동시에 부모로서 해야 할 역할을 깨닫는다. 아이가 올바르고 행복하게 자랄 수 있도록 적절한 가르침과 도움을 주는 것이다.

이렇게 하다 보면 아이를 타이를 때, 더 이상 흥분하거나 화를 내지 않게 된다. 그렇다고 방치하는 것은 아니다. 가르쳐야 할 때는 조용하지만 단호한 목소리로 말하게 된다. 부모의 태도와 에너지가 변하면 아이도 저절로 변한다. 부모가 변하고 자신의 감정을 조절할 수 있는 마음의 힘이 생기면, 아이는 본능적으로 부모의 변한 에너지를 느끼게 된다. 그러므로 아이를 변화시키고 싶다면 부모가 먼저 변해야 한다.

남편과의 관계에서도 마찬가지다. 부정적인 감정이 올라오는 순간 자신의 감정을 들여다보라. 궁극적으로 원하는 것이 무엇인가? 감정 대립이 아니라 화목한 관계일 것이다. 이기는 것이 목적이 아니다. 더 좋은 관계를 만들어 가는 것이 목적이다. 화가 나는 순간 근본적인 목적을 기억해 낼 수 있다면, 당신은 올바른 길로 가고 있는 것이다.

친구와의 관계에서도 동료와의 관계에서도 이웃과의 관계에서도 마찬가지다. 인간은 많은 관계 속에서 살아가고, 다양한 관계 속에서 다양한 감정들을 경험한다. 그때마다 나와 감정을 동일시하는 데서 벗어나 감정의 주인이 되어야 한다.

화를 내면 안 된다는 뜻이 아니다. 화는 상황에 따라 낼 수도 있고, 안 낼 수도 있다. 화를 내는 것이 관계 개선에 더 필요하다고 여겨지면 화를 낼 수도 있다. 중요한 것은 화를 내고 안 내고가 아니다. 자신의 선택과 의지에 상관없이 감정에 휩싸이는 건 바람직하지 못하다는 것이다.

감정이 당신의 주인이 되게 하지 말라. 당신이 감정의 주인이 돼라.

감정 습관도
연습이 필요하다

누군가는 현대인의 불치병이 두려움과 망설임이라고 한다. 망설임은 마치 열린 문 앞에 서서 한 발을 내딛고 들어오지도 나가지도 못하는 모습과 같다. 들어갈 것인가? 나갈 것인가? 어떤 일이든 마음의 결정을 해야 스타트가 된다. 그런데 우리는 얼마나 많은 시간을 망설임 속에서 흘려보내는가? 아무도 가두지 않은 망설임의 감옥에 스스로 갇혀서 한 발짝도 나아가지 못하고 있다. 그 문을 열고 나오는 것은 자신의 선택과 결정이다. 그리고 선택하고 결정했으면 행동으로 옮겨야 한다. 어떠한 선택과 결정도 행동이 따르지 않는다면 무의미하다.

자신을 움츠러들게 하는 망설임을 버리기 위해서는 마음의 힘이 필요하다. 두려움과 망설임을 내려놓을 수 있는 마음의 힘이 있어야 한다. 마음의 힘이란 마음의 근육이다. 몸의 근육을 키우기 위해서 반복된 연습과 노력이 필요하듯이, 마음의 근육을 단련시키기 위해서도 노력과 연습이 필요하다.

악기를 배워 본 적이 있는가? 운동을 배워 본 적이 있는가? 배워본 적이 있다면 잘 알 것이다. 아무리 최고의 바이올리니스트에게 연주법을 배웠어도 자신이 직접 바이올린을 들고 연습하지 않는다면 아무 소용이 없다. 바이올린 활을 들고 내가 좋은 소리를 낼 수 있을지 없을지 걱정하면서 망설이고만 있다면 절대 소리가 나지 않는다. 아무리 최고의 코치에게 수영 강습을 받았어도 자신이 직접 물에 뛰어들어 발차기를 하지 않는다면 아무 소용이 없다. 내가 수영을 잘할 수 있을지 없을지 걱정하면서 물에 뛰어들지 않고 망설이고만 있다면 절대 수영을 배울 수 없다.

감정 습관 역시 마찬가지다. 감정이 무엇이고 어떻게 작동하는지 아무리 머리로 이해를 해도 실제로 연습하지 않으면 의미가 없다. 연습은 어떻게 하는 걸까? 모든 연습은 경험을 통해 가능하다. 삶 속에서 일어나는 모든 사건과 상황이 경험이다. 그 모든 경험을 활용하라. 연습의 기본은 반복이다. 습관이 될 때까지 되풀이 하는 것이다. 많은 사람들이 두려움과 망설임을 내려놓기 힘들어 한다. 나 역시 예전에는 그랬다. 나는 두려움이 많고 걱정이 많은 사람이었다. 그렇게 태어났기 때문이 아니라 그렇게 키워졌기 때문이다.

두려움과 망설임을 극복하는 법

우리 조상들은 힘든 시대를 살아왔다. 아주 먼 고대로까지 거슬러 올라가지 않더라도, 조부모 세대만 하여도 굴곡이 많은 시대를 살았다. 일제 식민지 시대를 거쳐 한국전쟁을 겪었다. 차마 말로 다 표현하기 힘든 핍박과 동족상잔의 참담함을 몸소 체험했다. 그 과정 속에서 부모와 형제와 자식을 잃었다. 전쟁과 가난에 대한 두려움은 무의식 깊은 곳까지 속속들이 스며들었다.

이러한 두려움이 사랑을 왜곡시킨다. 사랑은 빛이고 밝음이고 믿음이다. 그런데 두려움을 통과한 사랑은 비틀어지고 왜곡된다. 마치 굴뚝을 통과한 산타클로스의 온몸에 검댕이가 묻은 것처럼. 누군가에 대한 사랑이 두려움이란 굴뚝을 통과하면서 걱정과 염려로 변질된다. 그 대상이 자식이라면 증세는 더 심해진다. 걱정과 불안과 노심초사, 망설임과 두려움…… 이런 것들이 사랑의 또 다른 이름이 되었다. 사랑의 질량과 걱정의 질량이 비례한다. 사랑의 깊이와 불안의 깊이가 비례한다. 사랑의 무게와 두려움의 무게가 비례한다.

지금 우리는 자녀들에게 자꾸만 내가 가진 부정적 감정 습관들을 물려주려고 한다. 조상들이 조부모에게, 조부모가 부모에게 물려준 부정성을 다음 세대에게 대물림하려고 한다. 왜냐하면 그 대물림의 원인과 패턴을 이해하지 못하고 있기 때문이다. 부모 세대 역시 아무것도 의식하지 못한 채로 조부모가 물려준 부정성을 그대로 답습했다. 그리고 그 부정성을 '사랑'이란 이름으로 우리 세대에게 물려주었다. 그 부정성 안에 담긴 걱정과 불안, 노심초사와 두려움이 우리의 발목을 족쇄처럼 묶고 있다. 그 감정들은 우리가 무언가를 선택해야 할 순간에 자꾸만 망설이게 한다. 자유롭게 날아오르는 것을 방해한다. 그럼에도 불구하고 우리는 감정의 대물림을 알아채지 못하고 있다. 그리하여 다음 세대에게 그 감정들을 물려주려고 애쓰고 있다.

이해가 필요하다. 우리의 내면에 존재하는 감정들의 근원에 대한 깊은 이해가 필요하다. 그리고 그 부정적 감정 습관들을 다음 세대에게 물려주지 않으려는 자각과 노력이 필요하다. 대물림되고 있는 부정적 감정 습관의 근원을 이해하고 자각했다면, 그 다음은 실천하기 위해 엄청난 용기가 필요하다. 왜냐하면 아직 우리 사회 곳곳에서 이러한 분위기가 무르익지 않았기 때문이다. 사회 전체가 한 방향으로 나아갈 때 그 무리와 함께 움직이는 것은 쉽다. 하지만 사회 전체의 분위기와 다르게 움직이고자 할 때는 더 큰 용기가 필요하다. 그래서 '제대로 된 이해'와 '충분한 이해'가 필요하다. '제대로', '충분히' 이해했다면 당신은 망설임을 떨쳐버리고 신념에 따라 행동할 수 있을 것이다. 자신이 옳다고 믿는 길을 따라 망설임 없이 나아갈 수 있을 것이다.

먼저 당신 내면의 부정성을 긍정성으로 바꾸는 연습을 하라. 내면에서 불안과 두려움이 올라올 때, 그 감정의 원인을 이해하는 연습을 반복하라. 불안과 두려움과 걱정과 노심초사를 자꾸만 내려놓는 연습을 하라. 연습을 반복하다 보면 어느 순간 자연스러워질 것이다. 당신의 내면에서 더 이상 불안과 두려움이 올라오지 않는다면, 자연스럽게 당신은 타인에게도 불안과 두려움을 내비치지 않을 것이다.

인간은 자신에게 없는 것을 상대에게 줄 수 없다. 당신의 내면에 더 이상 두려움과 불안감이 존재하지 않는다면, 당신은 그러한 감정을 누군가에게 줄 수 없다. 그리하면 당신 아이에게도 부정성은 대물림되지 않을 것이다. 당신이 아이에게 더 이상 부정성을 투사하지 않는다면, 아이의 내면에서도 불안과 두려움은 사라질 것이다.

불안과 두려움이 사라지는 순간, 수많은 망설임들도 사라질 것이다. 당신은 더 쉽게 무언가를 선택하고 결정할 수 있는 마음의 힘이 생길 것이다. 자신의 선택과 결정을 신뢰할 수 있는 마음의 힘이 드러날 것이다. 그리하여 당신은 드디어 당신의 선택과 결정에 따라 실천할 수 있는 용기와 의지를 낼 수 있을 것이다.

이것이 당신이 감정으로부터의 자유를 획득하는 방법이다. 또 당신의 아이가 불안과 두려움을 떨쳐버리고 자유롭게 살 수 있게 하는 방법이다. 첫걸음은 힘들 수 있다. 첫걸음에는 더 많은 용기와 의지가 필요할 수도 있다. 하지만 꾸준히 연습한다면 당신은 목적지에 도착할 수 있을 것이다.

있는 그대로의 나를
사랑하라

우리 집에는 세 아이가 있다. 셋 다 사내아이이다. 이렇게 말하면 대다수의 사람들은 비슷한 반응을 보인다.

"아휴. 아들만 셋이라니 어쩌면 좋아요? 요즘은 딸이 꼭 있어야 하는데……. 쯧쯧."

너무 안타까워하며 기어이 혀까지 찬다. 표정에도 애석함이 듬뿍 묻어난다. 듣는 나는 웃음이 난다. 상대가 너무 애석해 하니 뭐라고 답을 해야만 할 것 같은 기분이 든다.

"괜찮아요. 전 아들이 좋아요."

그렇지만 상대는 내 답이 진실로 느껴지지 않는 듯 믿지 않는 눈치다. 그냥 인사치레로 들리나 보다. 그런데 나와 남편은 정말로 단 한 번도 딸을 원해 본 적이 없다. 그렇다고 뭐 딸을 결사반대 한다는 뜻도 아니다. 그저 결혼을 계획했을 때부터 왠지 우리 부부에겐 아들만 있을 것 같은 기분이 들었다. 그 느낌이 너무 자연스러워서 다른 생각은 하지도 않았고 당연한 듯 편하게 받아 들였다.

게다가 남편은 원래부터 아들을 좋아하는 남자였고, 나는 기질적으로 딸보다 아들을 키우는 게 더 편하게 느껴졌을 뿐이다. 나는 액세서리나 몸치장에 별 관심이 없다. 그러니 매일 아침마다 딸아이 머리 손질을 예쁘게 해 주는 엄마들을 보면 감탄스럽다. 알록달록 머리핀이며 방울을 달아 곱게 치장해서 유치원이나 초등학교에 보내는 엄마들이 존경스럽다. 난 도저히 흉내 낼 수 없는 일이다. 또 여자가 나이가 들면 같이 이야기 나누고 들어줄 딸아이가 필요하다고 흔히 말한다. 그런데 나는 수다 떠는 것도 즐기지 않는다. 더구나 그 이야기들이 그저 남의 집 이야기나 하소연으로 가득 차 있으면 생각만으로도 내키지 않는다. 이런저런 이유로 나는 아들만 있는 것에 지극히 만족한다. 여하튼 이 세 아이들은 너무나 다르다. 같은 부모에게서 태어났는데 이렇게 다를 수 있다니 신기할 따름이다.

내가 만약 큰아이 하나만 키웠다면 나는 세상의 모든 아이는 우리 큰아이 같다고 생각했을 것이다. 그러면서 모범에서 벗어난 아이가 있다면 그것은 아이의 잘못이 아니라 부모의 잘못이라고 단정지었을 것이다. 그리고 한껏 교만해졌을 것이다. 그래서 난 둘째에게 너무나 감사하다. 이 아이를 통해 나는 세상의 모든 아이가 같지 않음을 배웠다. 아이들의 다양성을 알게 되었고, 아이들마다 각기 다른 개성과 자질들이 숨겨져 있음을 배웠다. 그리고 그 제각기 다른 아이들 모두가 누구 하나 빠짐없이 모두 사랑스럽다는 것을 배웠다. 셋째가 태어나면서 난 또 다른 세상을 알게 되었다. 내가 만약 셋째를 낳지 않았더라면 난 세상의 어떤 장애 아이에게도 관심을 가지지 않았을 것이다. 장애라는 것은 나와는 다른 먼 세계의 일이라고 생각했을 것이다. 그래서 난 셋째 아이에게 감사하다. 우리 부부가 사는 세상을 더 없이 넓혀 준 아이이다. 이 아이로 인해 우리 부부의 세계는 한없이 넓어졌고 깊어졌다.

사는 게 너무 버겁고 고통스러웠을 때, 때론 삶을 포기하고 싶었다. 하지만 아이들 때문에 그럴 수 없었다. 아이들을 지켜야 했고, 키워 내야 했기 때문이다. 그때 우리 부부는 우리가 아이들을 지키고 있다고 생각했다. 몇 년의 세월이 흐른 후에야 비로소 알게 되었다. 우리 부부가 아이들을 지키고 있는 게 아니라, 아이들이 우리 부부를 지키고 있었음을……

세상의 모든 아이들은 아름답다. 전교 1등은 1등이어서 아름답고, 전교 꼴찌는 꼴찌여서 아름답다. 활기찬 아이는 활기차서 아름답고, 차분한 아이는 차분해서 아름답다. 장미는 장미여서 아름답고, 작은 들꽃은 작은 들꽃이어서 아름답다. 장미에게 들꽃이 되라고 강요하지 마라. 들꽃에게 장미가 되라고 강요하지 마라.

모든 꽃은 아름답다

당신은 들꽃보다 장미를 더 좋아한다. 그래서 들꽃으로 태어난 아이를 억압한다. 장미가 되지 않으면 더 이상 너를 사랑할 수 없다는 무언의 압력을 행사한다. 부모에게 사랑받고 싶은 아이는 매일매일 장미가 되기 위해 열심히 노력한다. 하지만 아무리 애써도 들꽃이 장미가 될 수는 없다. 그래서 좌절하고 슬프다. 장미가 될 수 없는 자신에게 분노하고, 아무리 노력해도 여전히 들꽃의 모습인 자신을 미워하기 시작한다. 모든 시도를 해 본 후에 결국 자신은 장미가 될 수 없음을 깨닫는다. 더 이상 장미가 되려는 노력을 포기한다.

그럼 나는 원래 무엇이었을까? 뒤늦게 자신의 모습을 찾아

보려 애써 보지만 내가 무엇이었는지 기억나지 않는다. 잊어버렸다. 어쩌다 운이 좋아 자신이 무엇이었는지 기억이 나도 이미 늦어 버렸다. 들꽃으로 피어날 시기를 놓쳐 버렸다. 이제 아이는 장미로도 들꽃으로도 피어날 수 없다. 어찌할 것인가?

이제 아이가 할 수 있는 것은 하나밖에 없다. 향기롭고 매혹적인 들꽃으로 피어날 수 있었던 자신을 방해한 부모를 원망하는 것이다. 자신의 피어남을 방해한 부모를 용서할 수 없다. 마음속 깊은 곳에 드러내지 않는 분노와 원망이 쌓여 간다. 그조차 마음대로 할 수 없는 아이는 분노의 화살을 자신에게로 돌린다. 자신을 비난하고 미워하면서 우울감을 쌓아 간다.

당신이 장미보다 들꽃을 더 좋아한다고 해도 마찬가지다. 당신은 장미로 태어난 아이에게 들꽃이 되라고 강요할 것이다. 아무리 노력해도 들꽃이 될 수 없는 아이는 좌절하고 분노할 것이다. 피어나기도 전에 시들어 버릴 것이다. 모든 꽃은 다 아름답다. 어떤 꽃도 다른 꽃보다 우수하지 않고, 어떤 꽃도 다른 꽃보다 부족하지 않다. 아이들에게 다른 꽃이 되라고 강요하지 마라.

불가능한 일을 강요하고 억압할 때, 많은 정신적 질병이 야기된다. 자신을 자신답게 존재하도록 허용하라. 그렇지 않고 억압한다면 무수히 많은 부정적 감정들이 태어날 것이다. 상처, 좌절감, 자존감 상실, 자신감 부족, 열등감, 미움, 원망, 경쟁심, 불안, 분노, 우울, 강박, 피해의식…… 등등.

　　모든 아이들은 다 아름답다. 그 아름다움과 사랑스러움을 놓치지 마라. 당신 역시 완전하고 사랑스러운 아이였다. 그 완전함과 사랑스러움을 누군가가 알아주지 않았다고 해도 당신은 여전히 아름답다. 있는 그대로의 자신을 사랑하라.

　　나는 키가 작다. 더도 말고 5센티미터만 더 커도 참 좋을 것 같다. 키가 작으니 편안한 운동화보다 굽이 있는 신발을 신게 된다. 내 키가 5센티미터만 더 커도 더 마음 편히 운동화를 즐겨 신었을 것 같다. 나는 피부가 곱지 않다. 그러니 자꾸 화장을 하게 된다. 화장을 하지 않아도 되는 맑고 깨끗한 피부가 부럽. 내 몸매는 날씬하지 않다. 그러니 입고 싶은 옷이 있어도 맘껏 입지 못한다. 이렇게 나 자신을 살펴보면 아쉬운 게 무척 많다. 하지만 나는 있는 그대로의 나를 사랑한다.

　　당신의 외모, 성품, 능력……. 그 모든 것들이 마음에 드는가? 아쉬운 부분도 있을 것이다. 하지만 그럼에도 불구하고 '있는 그대로의 나'를 사랑하며 살자. 내가 나를 먼저 사랑해 주지 않는다면 누가 나를 사랑할 것인가? 세상은 내가 나를 사랑하는 꼭 그만큼 나를 사랑할 것이다.

고민과 걱정의
뫼비우스 띠

오래된 친구가 있다. 초등학교 시절 친구이니 족히 40년은 된 친구다. 대학을 졸업하고 결혼을 꽤 일찍 했던 걸로 기억한다. 그런데 결혼 초부터 사네 못 사네 하면서, 그야말로 시도 때도 없이 전화를 한다. 어떨 때는 새벽 1시, 혹은 새벽 3시에도 전화해서 한두 시간쯤 하소연을 한다.

잠결에 전화를 받았지만 상대방의 심각함을 생각하면 끊을 수도 없다. 오죽하면 그 시간에 먼 곳에 있는 친구에게 전화해서 몇 시간씩 하소연을 하겠는가. 성의껏 들어주고 조언도 해 준다. 며칠, 혹은 몇 주쯤 조용하다. 잘 사는가 싶어 안심하고 있으면 느닷없이 또 전화가 온다. 같은 문제다. 차츰 간격이 길어지긴 했다. 몇 주가 몇 달이 되고 가끔은 몇 년 동안 조용히 잘 지내기도 한다. 그렇게 이제 괜찮은가 보다 생각하고 있으면 또 연락이 온다. 20년 넘게 같은 패턴이 반복된다. 어떻게 20년이 넘는 기간 동안 같은 주제로 고민하고 망설이고, 고민하고 망설이고를 반복할 수 있을까? 안타깝다 못해 존경스럽기까지 하다.

물론 많은 여성들이 결혼 후 헤어짐에 대해 한 번쯤 진지하게 고민하면서 살아간다. 이혼을 하려니 가장 큰 걸림돌이 아이다. 아이에게는 어떻게든 온전한 가정을 지켜주고 싶은 게 엄마의 사랑이고 욕심이다. 또 아이에게 아빠의 역할과 사랑도 반드시 필요함을 잘 알기 때문에 선뜻 이혼을 결심할 수 없다. 경제적인 여건도 작용한다. 여기까지는 누구나 이해 가능한 보편적인 과정이다. 그런데 그 고민과 망설임을 어떻게 아이가 자라 결혼할 나이가 될 때까지 반복할 수 있을까?

심정적으로 이해는 가지만 안타깝다. 인생에서 일어나는 모든 일은 선택이다. 나의 선택과 선택이 모여 인생이 된다. 물론 아이 때문이든, 경제적 이유 때문이든, 이웃들의 시선 때문이든 선뜻 하나를 택하지 못하는 이유가 있다. 하지만 어떤 이유가 있더라도 무엇인가를 선택해야 한다. 이것도 저것도 선택하지 않고 엉거주춤하게 산다는 것 자체가 갈등의 원인이 되고 고통이 되기 때문이다.

선택을 했다면 내가 한 선택에 책임을 져야 한다. 책임을 진다는 것은 어떤 것인가? 자신의 선택에 최선을 다하며 더 이상 불평하지 않고, 원망하지 않고 살아가는 것이다. 또 내가 선택하지 않은 것에 대해서는 미련을 버리고 후회를 하지 않는 것이다. 더이상 뒤돌아보지 않는 것이다. 삶은 앞을 향해 나아가는 것이지, 뒤로 물러서는 것이 아니다.

여기에서 한 가지 이해해야 할 것이 있다. 자신의 선택이 다른 누군가를 위해서였다고 착각하지 말아야 한다. 흔히 하는 착각 중에 하나가 자녀를 위해 자신의 행복한 삶을 포기했다는 것이다. 아니다. 그 누구도 자녀를 위해 자신의 행복을 포기하지 않았다. 착각일 뿐이다.

많은 사람들이 자녀의 행복을 위해 힘들게 결혼 생활을 유지했다고 주장한다. 자식을 위해 이혼하지 못하고 자기 인생을 희생했다고 말한다. 더 나아가 자녀가 성장하여 어른이 되면 그런 자신의 희생을 알아주지 않는다고 서운해 한다. 하지만 사실은 자녀의 행복한 모습을 보는 것이 자신의 행복이기 때문에 참은 것이다. 결국 스스로의 행복을 위해 선택한 길일 뿐, 다른 누군가를 위해 선택한 길이 아니다.

내가 내린 선택을 신뢰하라

때론 인간관계 속에서도 상대방을 위해 자신이 이해하고 참아 주었다고 생각한다. 아니다. 당신이 어느 순간 참았다면, 그건 상대방을 위해서가 아니라 자신을 위해 참은 것이다. 참는 것이 자신의 마음을 더 편하게 했기 때문에 참은 것이다. 가끔은 다른 사람에게 이해심 많고, 좋은 사람으로 인식되고 싶어 참기도 한다. 이 경우 역시 다른 사람을 위해서가 아니라 자신의 좋은 이미지를 위해 참은 것이다.

그러니 결코 다른 누군가를 위해 참고 희생했다고 착각하지 말아야 한다. 그렇게 생각하면 자신은 희생자가 되고 다른 누군가는 가해자가 된다. 자신이 희생자라는 착각 속에 빠지게 되면 억울한 감정이 생긴다. 억울한 감정은 점차 가해자인 누군가를 원망하는 마음으로 자란다. 이렇게 자라난 억울함과 원망이라는 감정은 누구보다 자신을 힘들게 한다. 모든 생명은 근본적으로 자신을 위해 산다. 또 자신을 위해서 산다는 건 옳은 일이다. 자신을 위한 선택에 죄의식을 가질 필요는 없다. 왜냐하면 자신을 위해 산다는 건 생명의 본질이기 때문이다.

10년쯤 전의 일이다. 이 친구 역시 하루에도 몇 번씩 전화를 한다. 매번 무슨 고민이 그리 많은지 의논을 한답시고 이야기를 시작하면 한두 시간이 훌쩍 지나 버린다. 나름 심각해서 조언을 바라며 의견을 묻는데 안 들어 줄 수도 없는 노릇이다. 또 그 무렵만 해도 내가 알고 있는 지식과 경험으로 누군가에게 도움이 된다는 사실이 마냥 좋고 보람도 느껴져서 열심히 듣고 성심성의껏 답해 줬다.

이 친구의 계속된 고민은 아이의 진로에 관한 것이었다. 이제 갓 초등학교에 입학한 아이의 진로를 두고 늘 고민을 했다. 이 전공이 아이에게 더 적합할지, 저 전공이 더 적합할지 고민했다. 아이에게 이 선생님이 더 좋을지, 저 선생님이 더 좋을지를 걱정했다. 이 학원이 더 잘 가르칠지, 저 학원이 더 잘 가르칠지를 걱정했다. 언제나 두 개의 선택지를 양손 위에 올려놓고 어렵게 저울질했다.

그리고 어떤 선택을 해도 늘 불평과 불만이 뒤따랐다. 이 불평과 불만 속에서 또다시 새로운 고민과 걱정이 시작된다. 본인은 새로운 고민과 걱정거리라고 이야기하지만 실상은 같은 고민, 같은 걱정이다. 마치 삶에 되돌이표를 찍어 놓은 듯 무한 반복으로 같은 종류의 고민과 걱정을 재생시키고 있었다. 주변을 살펴보면 이렇게 습관적으로 고민과 걱정을 반복하는 부류가 있다. 그렇다면 무엇이 이들에게 늘 같은 고민과 걱정을 반복하게 하는가? 그 고민과 걱정의 근본 원인은 무엇일까?

이들 대부분은 선택에 정답이 있을 거라고 생각한다. 여러 가지의 선택지 중 한 개의 확실한 정답이 있을 것이라고 여긴다. 하지만 삶에는 정답이 없다. 삶은 고정된 것이 아니라 흐르는 것이기 때문이다. 흐르는 변화 속에서 고정된 정답 같은 건 애초에 존재하지 않는다. 존재하지 않는 정답을 찾으려고 하니 번번이 실패한다. 굳이 정답을 찾자면 자신의 마음이 끌리는 쪽이 정답이다. 삶에 있어서 정답이란 미리 정해진 것이 아니라 내가 만들어 가는 것이다.

고민과 걱정이 없는 삶을 살고 싶다면 자신의 선택을 두려워하지 말아야 한다. 자신만의 기준에 따라 저울질을 한 후, 어느 한쪽을 선택했으면 더 이상 갈등하지 말아야 한다. 자신의 선택에 대해 후회하지 않아야 한다. 자신의 선택이 최선의 선택이 되게끔 노력하며 살아가는 것이 바로 정답을 찾아가는 길이다. 우리가 가는 길은 외길이 아니다. 언제나 새로운 갈림길이 나온다. 그 갈림길에서 또 새로운 선택을 하면 된다. 어느 누구의 길에도 '정답'이라고 적힌 이정표는 없다. 당신이 가는 그 길이 정답이다. 이제 그만 모든 고민과 걱정을 내려놓아라. 자신의 선택을 신뢰하라.

생각을 바꾸면
감정도 달라진다

대학 친구가 있었다. 어느 날 우리 집에 놀러 왔는데 명절 무렵이어서 차례 음식이 있었다. 식사 때가 되자 그 음식들이 차려져 나왔다. 그런데 이 친구는 자기네 집안에서는 다른 집 차례 음식이나 제사 음식은 절대 안 먹는단다. 표정이 너무 불편해 보이고 태도가 단호하여 더 이상 권할 수가 없었다. 그 당시에는 가볍게 넘어갔지만 친구의 불편한 표정에 나도 그다지 유쾌한 기분은 아니었다.

이 친구는 왜 불편했을까? 다른 집 제사 음식에 대해 가지고 있는 자신의 생각 때문이다. 물론 그 생각이라는 것 자체가 오로지 순수하게 자신의 생각은 아니다. 집안 어른들의 생각이 주입되어 자신의 생각이 되어 버린 것이다. 여하튼 '다른 집 제사 음식은 함부로 먹을 음식이 아니다'라는 생각으로 인해 불편한 감정이 일어난 것이다. 사람은 감정을 숨길 수 없다. 비록 소리 내어 말로 표현하지 않더라도 불편한 감정은 표정에 드러난다. 이 불편한 감정은 제사 음식에 대해 본인이 가지고 있는 생각 자체가 변하기 전에는 바뀌기 힘들다.

그럼 나는 왜 그다지 유쾌한 기분이 아니었을까? '모두 맛있게 먹는 음식에 참 까다롭게 유난을 떠네'라는 생각과 함께 친구의 불쾌한 표정이 읽혔기 때문이다. 만약 친구가 유쾌한 표정으로 자신의 의견만을 담백하게 표현했다면 감정의 영향을 받지 않았을 것이다. 하지만 친구의 생각과 함께 부정적 감정이 느껴지는 순간 내 기분도 좋지 않았다. 이렇게 생각과 생각의 다름에서 감정적 부딪침이 유발된다.

감정은 어떤 경로로 일어나는가

감정은 자신의 생각과 관념에 의해 일어난다. 어떤 사건이 일어날 때, 그 사건을 어떻게 해석하는지는 사람마다 다르다. 자신이 평소에 가지고 있는 생각이나 관념을 기준으로 해석하기 때문이다. 그러므로 감정을 바꾸기 위해서는 생각을 바꾸어야 한다. 관념을 바꾸어야 한다. 그런데 생각과 관념을 바꾼다는 것이 쉽지만은 않다. 감정도 습관이 있고 익숙한 길이 있듯이, 생각에도 습관이 있고 익숙해진 길이 있기 때문이다.

하지만 당신이 지금 이 순간 어떤 감정 때문에 힘들다면 그 감정을 일으키는 자신의 생각을 바꾸는 것이 좋다. 다른 누군가를 위해서가 아니라 나 자신을 위해서 바꾸어야 한다. 나는 행복한 인생을 살고 싶고, 행복하기 위해서는 행복한 감정을 느껴야 하기 때문이다. 그러니 나 자신이 행복한 감정을 느끼며 살 수 있도록, 자신을 위해서 자신의 생각을 바꾸어 보자.

먼저 나와 다른 생각이 있을 수 있음을 인정해야 한다. 나의 생각이 유일한 생각은 아니라는 것, 내 생각만 옳은 것은 아니라는 것에서부터 출발하자. 나에게는 나의 생각이 옳듯이, 상대에겐 상대의 생각이 옳을 수 있음을 인정하는 데서 시작해 보자. 그렇다고 내 생각을 모두 버리고 상대의 생각을 따르려고 억지로 애쓸 필요는 없다. 그건 무리한 일이다. 어떻게 모든 사람이 같은 방식으로 생각할 수 있을까? 어떻게 내 생각 모두를 버리고 전적으로 상대의 생각에 동의할 수 있을까? 불가능한 일이다. 자신의 생각 모두를 바꾸려고 애쓰지 않아도 된다. 단지 상대의 생각을 바꾸려고 욕심 부리지는 말자. 내 생각이 소중하듯 상대의 생각도 소중하다.

우리 집 막내아들은 시각 장애이다. 시각 장애도 남아 있는 시각의 정도에 따라 여러 유형이 있다. 막내아들은 빛도 어둠도 구분할 수 없는 시각 장애 1급이다. 생후 6개월쯤에 대학병원에서 처음 장애 진단을 받았다. 하늘이 무너지는 절망감과 내가 속한 온 세상의 바닥이 끝도 없는 심연으로 가라앉는 것 같은 아득함이 나를 엄습했다. 의사 선생님의 말이 저 멀리서 들려오는 것 같이 아련해지면서 가만히 서 있을 수가 없었다. 내 몸이 무너져 내리는 것 같은 기분과 함께 균형을 잡지 못하고 비틀거렸다. 그 심리적 충격과 상실감에서 회복되는 데 아주 오랜 세월이 필요했다. 처음에는 미친 듯이 좋다는 곳을 다 찾아다니면서 좋다는 치료는 다 시도해 보았다.

'대체 내가 임신 중에 무엇을 잘못해서 이런 일이 생겼을까? 수업할 때 너무 졸려서 커피를 한두 잔 마신 게 잘못 되었나? 와인을 한두 잔 마신 적이 있는데 그게 잘못 됐을까? 아! 여러 가지 면담 때문에 미장원에서 파마도 한 번 했는데 그것 때문인가? 아님 너무 과도한 스트레스 때문이었을까?'

꼬리에 꼬리를 무는 근거도 논리도 뒤죽박죽인 오만가지 생각이 나를 괴롭혔다. 아이에 대한 돌이킬 수 없는 후회와 죄책감이 나를 사로잡았다. 그렇게 몇 년의 시간이 흘렀다. 그 와중에 만난 누군가가 이런 말을 했다.

"나는 장애 아이들을 보면 이런 생각이 들어요. 장기 둔 적 있으세요? 실력이 더 좋은 고수가 하수랑 같이 장기를 둘 때, 차 한 개 포 한 개 떼어 놓고 시작하잖아요. 난 이 아이들이 그런 거 아닐까 하는 생각이 들어요. 인생이라는 경기장에서 시각 한 개쯤 혹은 청각이나 다른 감각 한 개쯤 떼어 놓고 시작해도 잘살 수 있다는 자신감 같은 게 느껴져요."

이 관점은 내게 너무 신선한 충격이었다. 그동안의 혼돈과 절망에서 벗어나 새로운 관점에서 세상을 바라보고 이해하고 배울 수 있는 계기가 되었다. 또 볼 수 없어서 할 수 없으리라 생각했던 많은 것들에 가능성을 가지고 도전해 볼 수 있는 출발점이 되었다. 장애 아이를 키우다 보면 엄청나게 많은 순간 한계를 느끼게 된다. 여기에서 더 이상은 도저히 앞으로 나아가지 못할 것 같은 느낌이 든다. 여기까지가 할 수 있는 최대치가 아닐까 하는 생각이 드는 것이다. 그때마다 암담함이 밀려온다. 더 이상 어찌 할 수 없다는 '생각'이 암담함이라는 '감정'을 유발한다. 그럴 때 다시 힘을 내어 '생각'을 바꾸어 본다.

'어쩌면 여기까지가 최대치라고 여기는 건 그냥 내 생각일지도 몰라. 다음 산은 아직 넘어 보지 않았잖아. 아무도 저 산을 넘은 사람이 없다고 해도 이 아이는 할 수도 있잖아. 다른 아이들이 백 번 연습할 때, 천 번 연습하면 가능하지 않을까? 천 번 해도 안 되면 만 번 연습하면 되겠지.'

그렇게 생각을 바꾸면 암담했던 감정이 희망으로 서서히 변한다. 그 희망이라는 감정을 부여잡고 나는 아이와 함께 지금 이 순간 여기까지 왔다. 한 번의 연주를 위해 천 번의 연습을 마다하지 않았다. 무대에 오르는 한순간을 위해 천 시간의 노력과 연습을 기꺼이 받아들였다. 그 과정은 아이에게도 나에게도 결코 쉽지 않은 시간들이었다. 하지만 그 결과 아이는 자신의 꿈을 향해 당당한 걸음으로 착실하게 실력을 쌓아 가고 있다.

결국 생각이 변하면 감정이 변하고, 감정이 변하면 행동이 변한다. 행동이 변하면 삶이 변한다. 그러니 자신의 삶을 바꾸고 싶다면 먼저 생각을 바꾸어라. 생각을 바꾸면 감정이 달라질 것이다.

'착한 사람'이라는 말에
구속되지 마라

나는 어릴 때 착하다는 말을 많이 듣고 자랐다. 기질적으로 까다롭고 예민한 아이이긴 했지만, 어른들의 말을 잘 듣는 착한 아이였다. 어쩌면 '까다롭고 예민하다'는 내 기질적 단점을 보완하기 위해, 더 '착하다'는 말에 구속되었는지도 모른다. 그것만이 내가 받아들여지고 인정받을 수 있는 길임을 무의식적으로 감지했을 수도 있다.

"어두워지면 절대 나가면 안 된다", "어른들께 인사는 이렇게 해야 한다", "밥 먹을 때는 이렇게 먹어야 한다", "어른들 앞에서 나갈 때는 뒷걸음으로 나가야 한다", "빨래는 이렇게 개켜야 한다", "청소는 이런 방법으로 해야 한다", "걸레는 이렇게 빨면 안된다", "음식을 가져올 때는 반드시 쟁반에 받쳐 와야 한다", "옷은이렇게 입어야 한다", "머리는 이렇게 해야 한다"

　무수히 많은 '해야 한다'와 무수히 많은 '하면 안 된다'가 있었다. 거기에 덧붙여 '너는 여자니까 ……해야 한다, ……하지 말아야 한다'와 '너는 언니니까, 누나니까 ……해야 한다, ……하지 말아야 한다'까지 합치면 매일이 '해야 한다'와 '하지 말아야 한다'로넘쳐났다.

　그 많은 '해야 한다'와 '하지 말아야 한다'를 내가 어떻게 그렇게 오랫동안 지키며 살아왔는지 모르겠다. 아마도 생존 본능이었을 것이다. 예쁘지도 않고 까칠하고 예민한 나라는 아이가 어른들에게 인정받고 받아들여지는 방법은 그것밖에 없다는 것을 본능적으로 안 것이다.

　그에 비해 나보다 예쁘고 무던한 성품으로 사랑받던 여동생은 그 '해야 한다'와 '하지 말아야 한다'를 가볍게 뛰어넘었다. 정해진 귀가 시간에 상관없이 나가고 싶으면 늦은 밤에도 자유롭게 나갔다. '여자는 ……하면 안 된다'도 가볍게 뛰어넘었다. 수십 년전 여고 시절에 이미 오토바이를 즐기며 타고 다녔다. 옷이든 헤어스타일이든 본인이 원하면 무엇이든 했다. 나는 그런 여동생의대담함과 자유로움을 사랑했고 부러워했다.

아주 오랜 세월이 지나 내 나이 거의 쉰이 되어서야 깨달았다. 내가 사랑했고 부러워했던 여동생의 대담함과 자유로움이 어디에서 나왔는지를…….

그 아이는 이미 사랑받고 있었기 때문에, 굳이 인정받기 위해서 무언가를 포기할 필요가 없었다. '자신답게', '자신으로 존재하기'를 포기할 필요가 없었던 것이다. 나 역시 많은 아이들처럼 사춘기를 거쳤지만 '나답게', '나 자신으로' 홀로 서는 데는 실패했다. 아니 그때는 시도조차 하지 못했다. 그러기엔 내 안의 무의식적인 두려움이 너무 컸기 때문이다. 내가 인정받을 수 있는 유일한 길을 포기할 수 없었기 때문이다.

스물이 넘고, 서른이 넘고, 마흔이 되어서도 나는 여전히 자유로워질 수 없었다. 결혼을 하고, 아내가 되고, 아이를 낳고, 엄마가 되었어도 나는 여전히 자유롭지 못했다. 너무 오랫동안 '말 잘 듣는 아이'로 살아왔기 때문이다.

내가 더 이상 말 잘 듣는 아이임을 포기했을 때, 주변의 비난과 압력은 거셌다. 그 비난과 압력은 몇 주, 몇 달을 지나 몇 년 동안 계속되었다. '말 잘 듣는 아이'라는 말에 내가 오랫동안 길들여져 왔듯이, 그들 역시 그러한 내 모습에 익숙해져 왔기 때문이다. 그 세월이 길면 길수록 거기에서 벗어나기 위해서는 더 큰 용기와 내면의 힘이 필요하다.

하지만 내가 '나로서', '나답게', '나의 인생'을 '자유롭게 살기 위해서'는 반드시 필요한 과정이다. 더 이상 '착한 사람'이라는 말에 구속당하지 마라. '착한 사람'으로 사는 것보다 더 중요한 것은 '나답게', '내가 원하는 인생'을 사는 것이다.

누구에게도
함부로 상처받지 않는다

감정에 휘둘리는 사람은 주도적으로 살기 어렵다. 감정은 주고받는 탁구공과 같아서 내가 세게 치면 상대도 세게 치고, 상대가 세게 치면 나도 세게 치게 된다. 그러다가 어느 순간 걷잡을 수 없이 격해지고 누군가는 상처를 받고 관계가 불편해지기도 한다. 또 주변에 보면 유난히 감정의 기복이 심한 사람이 있다. 그들의 기분이 좋을 때는 분위기가 좋다. 그런데 그들의 기분이 나빠지기 시작하면 그 감정의 소용돌이에 함께 휩쓸려 들어가게 된다. 또 그 감정의 파편이 전혀 상관없는 나에게 튀기도 한다. 가만히 있다가 느닷없이 튀어나온 감정의 돌에 맞으면 아프다. 때론 불쾌하기도 하다. 그 영향권 아래에서 벗어나기가 항상 쉬운 것은 아니다.

하지만 내가 행복한 인생을 살고 싶다면, 감정에 휘둘리지 않아야 한다. 먼저 자신의 감정에 휘둘리지 말아야 한다. 그리고 타인의 감정에도 휘둘리지 말아야 한다. 그래야 누구에게도 함부로 상처받지 않고 자신의 마음을 지킬 수 있다.

휘둘리지 말고 신념대로 행동한다

큰아이가 초등학생 때의 일이다. 아마 4학년 무렵이었을 듯싶다. 물론 첫아이이니만큼 나 역시 다른 많은 엄마들처럼 공부에 신경을 많이 썼다. 규칙적인 학습 습관을 길러주기 위해 나름 많은 노력을 기울였다. 그런 한편으로 아이들은 충분히 놀아야 한다는 생각을 가지고 있었다. 잘 노는 아이가 공부도 잘할 수 있다고 생각했다. 그래서 최대한 많이 함께 놀아 주려고 애썼고, 아이의 놀이를 방해하지 않으려고 애썼다.

어느 날 아이가 놀이터에서 신나게 놀고 있었다. 얼마나 구슬치기에 심취해 있었는지 원하는 각도로 구슬을 보내기 위해,

놀이터 바닥에 온몸을 붙이고 엎드려 있었다. 나는 집에서 네 살, 다섯 살 동생들을 돌보며 저녁 식사 준비를 하고 있었다. 놀이터 가 바로 아파트 앞에 있었기 때문에 가끔씩 신나게 노는 아이를 창문으로 흐뭇하게 바라보기도 했다. 나는 아이가 놀이에 몰입해 있는 모습이 참 좋았다. 놀이에 몰입할 수 있다는 건 다른 일에도 몰입할 수 있다는 뜻이다. 그래서 되도록 아이의 몰입을 방해하 지 않으려고 했다.

그런데 갑자기 아이 친구의 엄마가 나오더니 내 아이에게 큰 소리로 다그쳤다.

"너는 지금 몇 시인데, 집에도 안 가고 놀고 있니? 응? 저녁때 가 되었으면 집에 가서 씻고 공부를 해야지. 네가 여기서 놀고 있 으니까 우리 아들이 공부 안 하고 놀고 싶어 하잖아. 너 때문에 우 리 애가 공부를 못 해. 공부를. 아휴. 빨리 집에 들어가. 어서."

얼마나 큰소리로 아이를 혼내고 소리를 치는지, 창문으로 내 려다보고 있는 나에게까지 다 들렸다. 아이에게 일방적으로 자 신의 짜증과 화를 다 쏟아 붓고 있었다. 창문으로 내려다보고 있 던 나는 정말 어이가 없었다. 우리 아이가 그 집 아이와 같이 놀고 있다가 그런 말을 들었으면 그래도 조금은 이해가 간다. 우리 아 이는 그냥 혼자서 재미있게 놀고 있었을 뿐이다. 근데 우리 아이 가 놀고 있어서 자신의 아이도 놀고 싶어 한다고, 쫓아와서 아이에게 화를 쏟아 붓다니……. 황당하기 그지없다. 게다가 좋은 말로 부드럽게 자신의 속상함과 생각을 표현해도 될 텐데, 무턱대고 남의 아이를 윽박지르다니……. 어른답지 못한 행동이다. 순간 갈등했다.

'내려가서 저 상황을 수습하고 와야 하나?'

일방적인 화풀이에 당하고 있는 내 아이의 모습도 안쓰러웠다. 하지만, 여러 가지 사정으로 곧바로 내려갈 수 있는 형편은 안 되었다. 또 그 상황에 굳이 나까지 끼어드는 것이 옳을까 하는 생각도 잠시 스쳤다. 한편으로는 어리긴 하지만 내 아이를 믿는 마음도 있었다. 짧은 시간 동안 여러 가지 생각이 한꺼번에 떠올랐다. 상황을 지켜보면서 잠시 어떻게 해야 하나 고민했다. 그사이 큰아이는 어쩔 수 없이 쫓기듯 집으로 올라왔다.

혼자서 재미있게 잘 놀다가 느닷없이 화풀이를 당하고 쫓겨 올라왔으니, 아이의 기분이 좋을 리 없다. 게다가 4학년쯤 되면 상대의 행동이 옳은지 아닌지에 대한 나름의 기준도 있다. 상대의 일방적인 화풀이가 타당한지 아닌지 어느 정도 분별할 수 있는 나이이다.

"아니, 그 아줌마는 왜 저한테 화를 내요? 그리고 왜 저한테 이래라 저래라 해요? 제가 노는 것에 대해서 엄마도 아무 말씀 안 하는데, 왜 저 아줌마가 저한테 못 놀게 해요?"

이럴 때, 엄마는 어떻게 행동하는 것이 옳을까? 일단 어느 쪽의 화에도 휩쓸리지 않는 것이 좋다. 물론 나 역시 기분이 유쾌하지는 않다. 그 집 엄마가 아이 공부를 시키고 싶어 하는데, 아이가 놀고 싶어 한다면 그건 그 둘의 문제이다. 혼자서 잘 놀고 있는 남의 집 아이를 불러 윽박지를 일은 아니다. 하지만 이런 상황에 나까지 나서서 같이 화를 내는 것 역시 현명한 대처는 아니다.

우리는 모든 일에 대해서 서로 다른 견해를 가지고 살아간다. 그리고 누구나 자신이 옳다고 믿는 신념대로 행동한다. 아이를 키우면서 육아나 학습 문제에 있어서도 얼마든지 다른 견해를 가질 수 있다. 어떤 견해가 다른 견해보다 훌륭하다고 단정 지을수 없다. 단지 자신의 신념대로 살되, 자신의 신념과 견해를 다른 사람에게 강요해서는 안 되는 것이다.

아이는 친구 엄마의 윽박지름과 화가 옳지 않다는 생각을 가지고 있었다. 그러면서 아이는 내게 어떻게 하면 좋을지 답을 요구하고 있었다. 나 역시 아이의 생각과 감정에 공감했다. 하지만 그렇다고 해도 아이가 그 감정에 오래 휩쓸리지 않기를 원했다.

"그러게. 엄마도 여기에서 다 보고 들었는데 아줌마가 좀 심하셨네. 너 많이 속상했겠다. 엄마도 속상했어."

일단 자신의 감정을 엄마가 이해하고 공감해 주니 화나는 기분이 좀 가라앉는 듯싶다.

"놀고 나서 공부하면 되는데, 왜 아줌마는 나까지 못 놀게 해요?"

"그러게. 그런데 사람은 다 다르니까 생각도 다 달라. 엄마는 잘 노는 아이가 공부도 잘한다고 생각하는데, 아줌마 생각은 다를 수도 있지."

"그런데 왜 저한테까지 그걸 강요해요? 왜 저를 혼내요? 제가 아줌마 아들도 아닌데요."

"그건 아줌마가 좀 심하셨네. 아마 아들 공부 때문에 화가 많이 나셨나 보다. 하지만 살아가다 보면 오늘 같은 일도 가끔 있을 거야. 엄마는 그때마다 네가 영향 받지 않았으면 좋겠어. 그냥 나랑 생각이 다른 사람도 있을 수 있구나. 우리 엄마랑 생각이 다른 사람도 있을 수 있구나. 그렇게 생각하고 넘어갔으면 좋겠어. 결국 너는 네가 옳다고 믿는 대로 살면 되니까."

아이와의 대화는 그 정도에서 끝났다. 다행히 아이는 큰 상처 받지 않고 곧 감정을 정리했다. 우리는 살아가면서 이런 일을 종종 겪는다. 그럴 때마다 상처받고 휘둘리면 마음이 힘들어진다. 행복하게 살고 싶다면 감정에 휘둘리지 말아야 한다. 상대의 감정에도 휘둘리지 말고, 나의 감정에도 휘둘리지 말아야 한다.

지금 이 순간을
살아라

    우리는 행복을 미루는 습관이 있다. 지금 이 순간의 행복을 미래로 미루지 마라. 미래는 존재하지 않는다. 미래가 존재한다고 생각하는 건 인간의 착각이다. 미래는 오직 인간의 상상 속에서만 존재한다. 현재만이 존재한다. 이 말을 이해하기가 어려울 것이다. 하지만 이해할 수 있도록 노력해 보라. 깊이 생각해 보라.

    하늘과 바다가 맞닿은 수평선 혹은 하늘과 땅이 맞닿은 지평선을 생각해 보라. 우리 눈에 수평선과 지평선은 확실히 존재하는 듯 보인다. 손에 잡을 수 있는 실체인 듯 느껴진다. 하지만 태초 이래 그것을 실제로 잡은 사람이 있던가? 없다. 그건 불가능하다. 그 누구도 실재하지 않는 허상을 잡을 수는 없기 때문이다. 미래 역시 마찬가지다. 있는 듯 보이지만 다가가면 다가간 만큼 물러설 것이다. 당신이 생각하던 미래가 현재가 된 순간 당신에겐 새로운 미래가 펼쳐질 것이다. 마치 당신이 다가가는 만큼 물러서는 수평선이나 지평선처럼. 그 허상에 속지 마라.

한번 더 생각해 보자.

지독한 가난으로 굶어 본 적이 있는 사람, 혹은 파산해 본 경험이 있는 사람은 많은 시간이 흘러도 빈곤에 대한 두려움을 안고 살아간다. 하지만 지금 이 순간 그는 굶고 있지 않다. 그런데도 그 절대 빈곤의 순간이 언제 다시 찾아올지 몰라 늘 두렵다.

지금 앞에 따뜻한 빵이 있다면 그 따뜻함과 고소함을 충분히 느낄 수 있어야 한다. 그런데 굶주림에 대한 두려움 때문에 맛을 채 음미할 사이도 없이 허겁지겁 먹어 치운다. 아니면 아이들이 모처럼 고급 레스토랑에 가서 비싼 스테이크를 사 달라고 조른다. 하지만 그는 그럴 수 없다. 굶주림의 시간이 언제 올지도 모르는데 어떻게 한 끼의 만찬에 많은 돈을 쏟아 부을 수 있겠는가?

이제 그는 과거의 경험에서 온 두려움으로 인해 아이들의 간절한 소망과 기쁨을 외면한다. 가족이 함께 기쁨으로 즐길 수 있는 기회를 놓친다. 아이들의 눈 속에서 행복과 만족을 볼 수 있는 시간을 놓친 셈이다. 아이들에게 따뜻하고 즐거운 추억을 선사할 수 있는 기회를 놓친 것이다. 그가 놓친 것이 얼마나 많은지, 무엇인지 이해할 수 있는가?

더 이상 기쁨을 미루지 마라

그는 과거로부터 가져온 두려움이라는 허상 때문에 현재라는 실재를 놓친 것이다. 과거는 실존하지 않는다. 과거는 인간의 기억 속에만 존재한다. 조금만 더 깊게 생각해 보자. 과거에 대한 기억을 하는 이 순간은 과거가 아니라 현재이다. 내가 현재라는 한 시점에 서서 과거를 기억하고 있는 것이다. 현재는 실재하지만 과거는 실재하지 않는다. 오직 나의 기억 속에만 있을 뿐이다. 현재만이 존재한다. 그리고 과거에 대한 나의 기억은 대부분 후회와 미련이다.

'그때 그런 선택을 하지 말걸.'

'그때 내가 왜 그랬을까?'

'다시 돌이킬 수 있다면 정말 좋을 텐데.'

많지는 않지만 가끔 좋았던 경험은 아쉬움이나 안타까움, 그리움으로 기억된다.

'아, 한 번 더 그 기쁨을 느낄 수 있다면 얼마나 좋을까?'

'나한테도 그렇게 사랑하던 시절이 있었는데…….'

마찬가지로 미래도 인간의 상상 속에서만 존재한다. 다시 한 번 깊게 생각해 보라. 당신이 미래를 상상하는 이 순간은 현재 이다. 내가 현재라는 한 시점에 서서 미래를 상상하고 있는 것이 다. 현재는 실재하지만 미래는 실재하지 않는다. 오직 나의 상상 속에만 있을 뿐이다. 현재만이 존재한다. 그리고 미래에 대한 나 의 상상은 대부분 두려움과 기대이다. 두려움은 과거의 경험에 서 나온다.

'몸이 좀 안 좋게 느껴지는데, 혹시 암이면 어쩌지? 이웃집 누구도 내 나이 때 암으로 죽었는데…….'

'내일 등산 가기로 했는데, 혹시 사고 나면 어쩌지? 며칠 전 에도 거기서 사고가 났다는데…….'

우리가 희망이라고 여기는 기대는 이렇게 나타난다.

'아, 이렇게 저렇게 된다면 정말 좋을 텐데…….'

멋진 레스토랑에 가서 맛있는 스테이크를 먹고 싶다는 아이 들의 요청을 거절한 그는 이렇게 생각할 수도 있다.

'지금 당장은 아니지만 미래를 위해 참자. 미래에 그럴 기회 가 올 거야.'

하지만 그때가 와도 똑같다. 그가 생각하는 미래의 순간이 오면 그는 더 먼 미래로 달아날 것이다. 물론 그는 미래의 어느 날 아이들과의 약속을 지킬 수도 있다. 그러나 이제 아이들은 그때의 아이들이 아니다. 그리고 먼 미래에 아이들에게 주고 싶은 기쁨이라면 왜 지금 당장 주면 안 될 것인가? 아이들의 기쁨과 행복을 왜 미뤄야만 할까?

더 이상 기쁨을 미루지 마라. 더 이상 행복을 미루지 마라. 이 말을 오해하지는 말자. 내 말은 미래를 준비하지 말라는 뜻이 아니다. 과거의 두려움과 미래의 두려움 사이에서 시계추처럼 왔다 갔다 하지 말라는 뜻이다. 과거의 경험에서 가져온 두려움을 미래에 투사하지 말라는 것이다. 혹은 과거의 경험에서 온 두려움으로 현재를 저당 잡히지 말라는 것이다. 그렇다면 당신은 계속하여 현재의 기쁨을 놓칠 것이다. 이제 그만 멈춰라. 멈추어서 현재를 살아라.

현재에는 두려움이 존재하지 않는다. 오직 현재만이 존재하는 실재이다. 현재는 충만하고 유쾌하다. 그 유쾌함의 에너지를 품은 현재가 1초 후, 1분 후로 흐를 것이고 그리하여 상상 속에 존재하던 미래는 영원히 실존하는 현재가 될 것이다.

"현재를 잡아라, 가급적 내일이란 말은 최소한만 믿어라"

호라티우스의 라틴어 시 구절처럼 당신의 오늘이 가장 행복한 날이 되게 하라.

행복을 내일로 미루지 마라. 오늘 지금 이 순간이 가장 행복할 때이다. 내일이 오늘이 되면 또 가장 행복한 날이 되게 하라. 매일매일의 오늘을 가장 행복한 날이 되게 하라.

5장

행복한 사람들의 7가지 감정 습관

'알아차림'으로
감정 다스리기

많은 사람들이 종종 이렇게 말한다.

"그럴 생각이 없었는데 '나도 모르게' 화를 내 버렸어."

"거짓말 할 생각은 아니었는데 '나도 모르게' 그렇게 돼 버렸어."

"조금만 먹을 생각이었는데 '나도 모르게' 다 먹어 버렸네."

"안 그러려고 했는데 그만 '나도 모르게' 아이한테 손찌검을 했어."

이때 '나도 모르게'라는 말은 무슨 뜻일까? 바꾸어 말하면 무의식적으로 그리 행동했다는 말이다. 인간은 그동안 너무나 깨어 있지 않은 상태로 살아왔다. 깨어 있지 않은 상태에 너무 익숙해져서, 이러한 상태가 깨어 있지 않은 상태라는 것 자체를 모른다.

감정을 조절하는 데 있어 중요한 것은 '알아차림'이다. 자신의 감정을 알아차린다는 건 매 순간 우리의 의식이 깨어 있다는 뜻이다. '깨어 있다'라는 말은 곧 '의식적이다'라는 말이다. 우리는 대개 자신이 깨어 있다고 생각하지만 그렇지 않다. 육체는 깨어 있지만 의식은 잠들어 있는 경우가 많다. 이런 상태를 '무의식적이다'라고 표현한다. 알아차리기 위해서는 깨어 있어야 한다.

'무의식'은 '어둠'에 비유할 수 있다. '의식'은 '빛'이다. 우리가 무의식에 잠겨 있을 때, 그곳은 어둠으로 뒤덮여 있다. 너무 어두워 어디에 무엇이 있는지 구분할 수 없다. 모든 게 혼돈스럽다. 심지어 내가 무엇을 원하는지도 모르겠고, 무엇을 찾고 있는지도 모르겠다. 아니 어쩌면 잃어버린 게 무엇인지조차 모르겠다. 이 혼돈에서 빠져나오려면 무의식을 의식으로 바꾸어야 한다. 어둠을 빛으로 변화시켜야 한다. 무의식을 의식으로 바꾸고, 어둠을 빛으로 변화시키는 방법은 '깨어 있음'이다. '알아차림'이다. 그런데 이 알아차림이 쉽지 않다. 알아차림의 대상은 세 가지로 나눌 수 있다. '행동'과 '생각'과 '감정'이다.

먼저 자신의 행동을 알아차리는 연습을 해 보자. 단순하게 생각하라. '내가 컴퓨터 자판을 두드리고 있네', '설거지를 하고 있구나', '옷을 갈아입고 있네', 이렇게 알아차리면 된다. 물론 수없이 놓칠 것이다. 괜찮다. 다시 알아차리면 된다.

익숙해지면 자신의 생각을 알아차리는 연습도 해 보자. '아, 방금 내가 내일 스케줄을 생각하고 있었구나', '지금 나는 제출해야 할 보고서를 생각하고 있네', '아, 오늘 점심 메뉴를 생각하고 있었구나' 이렇게 자꾸 내 생각을 알아차리는 것이다. 처음에는 잘되지 않지만 조금씩 익숙해진다.

좀 익숙해지면 감정을 알아차리는 연습을 해 보자. '아, 지금 내가 슬프구나', '화가 났네', '불안해하고 있구나', '두려워하고 있네', '우울해 하고 있구나' 이렇게 알아차리면 된다.

그런데 감정을 잘 다루기 위해서는 여기에서 한 걸음 더 나아가야 한다. 감정을 알아차리는 것과 동시에 왜 그런 감정이 드는지를 자신에게 질문해야 한다.

'아, 지금 내가 슬프구나. 왜 슬프지?'

'화가 났네. 왜 화가 나는 걸까?'

'불안해하고 있구나. 왜 불안하지?'

'두려워하고 있네. 왜 두려워할까?'

이렇게 하나하나 꼼꼼히 질문해 보고 따져 본다. 처음에는 명쾌한 답이 떠오르지 않을 수도 있다. 그럼 그냥 화두처럼 가슴에 품고 일상생활을 하면서 문득문득 떠오를 때마다 다시 생각해 보라. 금방 생각날 수도 있고, 며칠이 걸릴 수도 있고, 그보다 더 오랜 시간이 걸릴 수도 있다. 하지만 결국은 왜 그런 감정이 드는지 알아챌 수 있을 것이다.

그런 다음에는 자신의 감정에 대한 이유가 진실로 정당한지 아닌지 꼼꼼히 체크해 본다. 자신은 정당하다고 생각하지만 그렇지 않은 경우도 많다. 그렇기 때문에 최대한 객관적인 시선을 유지하려고 노력해야 한다. 물론 아무리 객관적인 시각으로 보려고 해도, 이미 인간의 모든 견해는 주관적일 수밖에 없는 한계가 있다. 그럼에도 불구하고 객관적인 시선을 유지하기 위해 최대한 노력을 기울여 보자.

감정 조절은 알아차림에서 시작된다

자, 그럼 이제 자신의 감정을 알아차렸고, 왜 그런 감정이 드는지도 알았다. 이제는 내가 어떤 행동을 해야 할지를 선택하고 결정해야 한다. 내 감정의 이유가 타당하지 않다는 생각이 들면 자연적으로 서서히 그 감정은 힘을 잃고 사라질 것이다. 자신이 생각했을 때 정당하지 않다고 느껴지는 쪽으로는 더 이상 에너지가 가지 않기 때문이다. 아무리 생각해 봐도 내 감정의 이유가 정당하다고 생각될 때는 두 가지 중 하나를 선택할 수 있다.

하나는 그 감정을 회피하지 말고 그냥 받아들이는 일이다. 때로는 느껴지는 감정을 거부하지 말고 그대로 허용하는 게 더 좋을 수도 있다. 사랑하는 사람과 이별을 했다. 혹은 사랑하는 사람이 죽었다. 가족일 수도 있고, 연인일 수도 있고, 친구일 수도 있고, 아끼는 지인일 수도 있다. 이럴 때 슬픔은 당연한 감정이다. 당연한 감정을 억압하지 않는다. 그냥 자연스럽게 그 감정 속에 머무른다. 모든 감정은 에너지이다. 에너지는 움직인다. 흐르고 변화한다. 때가 되면 그 감정은 스스로 엷어지고 물러날 것이다. 마음껏 슬퍼하라.

다른 하나는 감정을 극복해야 할 때이다. 오랜 시간 슬픔 속에 머물렀고, 충분히 슬퍼했다. 아직 아련한 슬픔은 여전히 남아 있지만 이제는 이 감정을 떠나보내도 될 것 같다. '그래. 이제 그만 놓아주자. 나에게서 슬픔이라는 감정을 풀어 주고, 슬픔이라는 감정에서 이제는 나를 놓아주자.' 자신의 생각과 의지로 힘을 내고 극복해 가는 과정 속에서 슬픔은 서서히 떠나갈 것이다.

분노도 같은 원리다. 누군가 나에게 부당하게 화를 낸다. 아무리 생각해 봐도 내가 그 부당한 화를 고스란히 받아 줄 이유가 없다. 혹은 누군가가 나에게 너무나 함부로 무례하게 대한다. 그

무례함을 계속하여 허용하고 싶지 않다. 나 역시 화가 난다. 이럴 때도 마찬가지로 두 가지 행동 중 하나를 선택할 수 있다.

하나는 내가 느끼는 분노라는 감정을 허용하는 것이다. 상대에게 나의 분노를 드러내도 좋다. 인간은 누구나 자신을 존중하고 지킬 권리가 있다. 정당한 분노를 억지로 억압하지 않는다. 상대에게 나의 분노를 표현하고 분노의 이유를 명확히 전달한다. 억압받지 않고 풀려나간 감정은 그 역할을 다한 다음 사라질 것이다. 다른 하나는 분노라는 감정을 극복하는 것이다. 나에게서 분노라는 감정을 놓아주고, 분노라는 감정으로부터 나를 풀어 주어라. 분노라는 감정 속에 너무 오래 머물지 말고 스스로의 이해와 의지로 걸어 나오라.

매 순간 자신의 감정을 주시하고 매 순간 자신의 감정을 알아차려라. 자신의 감정을 조절할 수 있는 힘은 '알아차림'에서 나온다.

과거와 나 사이에
선 긋기

상담을 하다 보면 20년 전, 30년 전의 일을 가슴에 부둥켜안고 괴로워하는 사람들이 많다. 그 근본 원인을 들여다보면 크게 두 가지로 나눌 수 있다. 하나는 배려받지 못했고, 이해받지 못했고, 사랑받지 못한 데서 오는 억울함과 원망이다. 자신을 그렇게 취급한 누군가를 용서하기가 힘들다. 다른 하나는 어느 날 느닷없이 닥친 고통스런 사고나 사건에서 오는 정신적 충격이다. 자연재해나 사고로 사랑하는 사람을 잃거나 재산에 큰 손실을 보았을 때 잊어버리기가 힘들다. 또 자신이나 자녀에 대한 신체적 폭력이나 성폭행 같은 것도 잊기 힘든 기억이다.

이러한 충격과 상처로부터 벗어나는 일은 쉽지 않다. 아주 많은 용기와 끈기, 마음의 힘이 필요하다. 하지만 자신을 붙잡고 있는 과거에 대한 기억을 떨쳐버리지 않고는 앞으로 나아갈 수 없다. 마치 물속에서 양쪽 발에 무거운 모래주머니를 달고 수영을 하려는 것과 같다. 물속에서 자유롭게 수영하고 싶다면 먼저 발에 묶여 있는 무거운 모래주머니를 풀어 버려야 한다. 마찬가지로 자유로운 인생을 살고 싶다면 양쪽 날개에 묶여 있는 과거의 짐들을 모두 풀어 버려야 한다.

가끔 부부싸움을 할 때 예전 신혼여행 때의 일을 가지고 싸우기도 한다. 결혼 초에 있었던 양가 부모님들에 대한 어떤 섭섭함과 원망스러움을 수십 년씩 안고 산다. 그러면서 행복을 꿈꾼다. 이루어질 수 없는 꿈이다. 행복은 감정의 찌꺼기가 남아 있지 않아야 가능하다. 물론 잠깐잠깐 즐겁고 행복할 수 있지만 가슴속에 해결되지 않은 앙금이 남아 있는 한, 시시때때로 우리의 마음은 불편해진다. 마치 신발 안에 들어간 모래 한 톨이 계속 우리의 걸음을 불편하게 하는 것처럼.

우리는 행복한 결혼 생활을 유지하고 싶어 하면서 한편으론 수 년 전의 일을 가슴에 붙들고 있다. 다른 사람을 위해서가 아니라 바로 자신을 위해서 당신의 과거에 결별을 고하라. 오직 당신만이 할 수 있다. 누구도 대신할 수 없는 일이다.

놓아 버려라

막내아들이 시각 장애라는 진단을 받고 일주일 후에 시어머니가 스스로 목숨을 끊으셨다. 아이가 평생 앞을 볼 수 없는 장애가 있다는 사실만으로도 억장이 무너지는 듯한데, 시어머니의 죽음은 우리 부부의 가슴에 지울 수 없는 낙인이 되었다. 한 사람의 죽음에 대하여 심리적으로 정서적으로 100% 책임을 져야 한다는 건, 고통이라는 말로는 차마 다 표현할 수 없다. 주변의 온갖 비난과 질책의 시선에도 우리 부부는 살아남아야 했다. 견뎌야 했다. 일곱 살, 두 살, 한 살의 세 아이들을 키워내야 했고, 그 아이들을 지켜내야만 했기 때문이다. 먼저 빛과 어둠조차 구분하지 못하는 막내아들을 안전하게 양육해야 했다. 또 장애 동생을 둔 큰 아이들이 주변 친인척들과 이웃의 비난에서 상처받지 않도록 보듬어야 했다.

큰아이가 초등학교 2학년 때의 일이다. 학부모 모임이 있어서 막내아들을 유모차에 태우고, 큰아이와 함께 참석했다. 그때나 지금이나 나는 모임에 참석하면 말하는 쪽이라기보다는 듣는 쪽에 속한다. 이런저런 이야기 끝에 그 당시 유행하던 드라마가 화제에 올랐다. 나는 아이를 키우느라 바빠 드라마를 보지 못한 상태였고, 당연히 내용도 몰랐다. 들어보니 마침 드라마 여주인 공이 시각 장애였다. 한 엄마가 갑자기 큰소리로 자신의 생각을 쏟아 붓기 시작한다.

"아휴, 남자 주인공은 뭐 그런 여자애를 좋아한다고 난리야. 앞도 못 보는 장님을 누가 좋아한다고……. 아무리 드라마지만 말도 안 되는 소리를 하고 있어. 앞 못 보는 봉사를 누가 미쳤다고 좋아한대? 미쳤어……."

갑자기 좌중의 분위기가 쏴하게 가라앉으며 모두의 시선이 나와 유모차에 누워 있는 막내에게로 향했다. 다른 엄마 몇몇이 멈추라는 몸짓을 하는데도 이야기에 도취된 엄마는 눈치를 채지 못하고 계속한다. 분위기는 점점 더 얼어붙어 갔다. 그제야 심상치 않은 분위기를 눈치챈 그 엄마가 급하게 말을 멈춘다. 그러더니 당황해서 어쩔 줄 모르고 나를 본다. 이제 모두의 시선이 나와 그 엄마를 번갈아 보며 어쩔 줄 몰라 한다. 누구도 쉽게 그 분위기를 깨트리지 못하고 난감한 상황이다.

다행히 난 그 말에 상처받지 않았고 흥분하지도 않았다. 화가 나지도 않았다. 왜냐하면 그 엄마가 나나 아이에 대해 어떤 개인적 감정을 가지고 이야기한 것이 아니기 때문이다. 그 엄마는 그저 드라마 이야기를 하고 있었을 뿐이다. 아줌마들이 드라마 이야기를 하면서 자신의 생각이나 느낌을 이야기하는 것은 흔히 있는 일이다. 상대가 전혀 고의적인 의도 없이 던진 이야기에 상처를 받거나 화를 낼 필요는 없다. 그 상황에서 난 오히려 그 엄마의 입장이 안타까웠다. 나는 괜찮은데 스스로의 말에 당황해서 어찌할지 모르는 그 난처함을 수습해 주고 싶었다.

하지만 예나 지금이나 나는 그다지 순발력도 좋지 않고, 유머 감각도 부족하다. 어떻게든 그 엄마의 당황스러움과 난처함을 도와주고 싶은데, 나 역시 어떻게 해야 할지 몰랐다. 그래서 그냥 그 엄마에게 '괜찮아요. 나는 괜찮아요. 당신이 아무 악의가 없다는 거 나도 알고 있으니 괜찮아요.' 그런 의미를 담아 따뜻하고 편안한 눈빛을 계속 보냈다. 나는 아마 그 눈빛에 담긴 의미가 모두에게 전달되었으리라 생각한다. 잠시 후 누군가 새로운 화제로 분위기를 바꾸었고, 모임은 잘 마무리되었다.

그렇지만 정작 모임이 끝나고 집에 와서 참 많이도 울었다. 상처받지도 화가 나지도 않았는데 슬프고 아팠다. 나와 아이, 그리고 우리 가족이 처한 현실이 가슴 아프고 슬펐다. 아마도 앞으로 살아가면서 나도 아이들도 이런 상황에 수시로 노출될 것이다. 다행히 그날은 큰아이가 밖에서 친구들과 노느라 그 자리에 없었다. 하지만 아이들이 자라면서 장애 동생으로 인해 듣지 않아도 될 말들을 많이 듣게 될 것이다. 그때마다 내가 함께해 줄 수도 없고 지켜줄 수도 없다. 그저 그 아이들이 그런 말에 상처받지 않고, 주눅 들지 않고 자랄 수 있게 해야 했다. 그러한 말들에 휘둘리지 않고 자신의 삶을 살아갈 수 있도록 도와줘야 했다. 그러려면 내가 먼저 강해져야 했고, 주변의 말들에 휘둘리지 않아야 했다. 그것만이 내가 세 아이들을 주변의 시선으로부터 지키고 보호할 수 있는 길이었다.

그러기 위해서는 더 이상 어제의 일에, 오래전의 일에 연연하면 안 되었다. 매 순간 지나간 과거와 결별하며, 오직 앞을 향해 나아가야 했다. 자신의 삶을 살아 있는 삶으로 만들고 싶다면, 과거의 고통스런 기억에 붙잡혀 있으면 안 된다. 과거는 지나갔다. 과거에 경험했던 고통은 오직 내 기억 속에만 존재할 뿐이다. 그 기억을 붙잡고 있는 것은 자신이다. 아니 기억만 붙잡는 것은 괜찮다. 하지만 기억과 함께 그 당시 느꼈던 감정까지 붙잡고 있기 때문에 힘든 것이다. 그 감정이 고통이든 슬픔이든 억울함이든 원망이든 이제는 놓아 버려라.

지나간 과거에 결별을 고하라.

불안이 사라지는
감사 일기 쓰기

일상생활 속에서 불안감이 올라올 때, 불안감을 잠재울 가장 쉬운 방법 가운데 하나가 감사 일기를 쓰는 것이다. 불안할 때 감사 일기를 쓴다는 것은 자신의 에너지를 바꾸는 일이다. 세상 모든 만물은 에너지이고, 나라는 사람도 에너지로 이루어져 있다. 당연히 내가 하는 모든 생각과 내가 느끼는 모든 감정에도 나름의 에너지가 있다. 내가 어떤 에너지를 발산하느냐는 내가 품고 있는 생각과 감정에 따라 달라진다. 그리고 내가 발산하는 에너지에 따라 나의 현실이 달라진다. 이 말은 현실을 좋은 방향으로 바꾸고 싶다면, 발산하는 에너지를 좋은 방향으로 바꾸어야 한다는 뜻이다.

　바다를 상상해 보라. 수심에 따라 살고 있는 생물의 종류가 다르다. 내가 만약 수심 10미터에서 살고 있다면, 비슷한 수심에서 살고 있는 생물들과만 만날 수 있다. 내가 만약 수심 100미터에서 살고 있다면, 역시 비슷한 수심에서 살고 있는 생물들과만 만날 수 있다. 당신이 존재하는 수심은 어디쯤일까?

　마찬가지로 하늘에서도 그 높이에 따라 볼 수 있는 광경이 다르다. 당신이 상공 10미터에서 살고 있다면 무엇을 볼 수 있겠는가? 당신이 상공 100미터에서 살고 있다면 무엇을 볼 수 있겠는가? 당신이 살고 있는 높이에 따라 당신이 볼 수 있는 풍경이 다를 것이다. 만날 수 있는 생명체도 달라질 것이다. 당신이 낮은 층에 있다면 잠자리, 나비, 벌, 참새 등을 만날 수 있을 것이다. 당신이 좀 더 높은 층에 있다면 독수리, 매 등을 만날 수 있을 것이다.

　이렇듯 당신이 존재하는 에너지 층에 따라 당신이 체험할 수 있는 현실의 범위가 달라진다. 그렇다면 어떻게 에너지 층을 이동할 수 있을까? 의도적으로 '감사의 감정'을 일으키는 것이다. 감사의 감정은 아주 강력한 긍정적 에너지를 발산하기 때문이다. 감사의 감정을 일으키는 가장 효과적인 방법이 바로 '감사 일기'다. 이것이 감사 일기가 사랑받는 이유이다.

감사 일기를 쓰는 세 가지 방법

감사 일기를 쓰는 방법에는 세 가지가 있다.

첫째는 이미 이루어진 일에 대한 감사 일기이다. 승진이나 합격 등 오랫동안 노력하고 바라던 일이 이루어졌다면 마땅히 감사할 일이다. 하지만 정말 소중한 일임에도 불구하고 매일 반복되는 일상 속에서 그 감사함을 잊어버리고 지내는 경우도 많다. 그 소중하지만 소소하게 느껴지는 일상들을 찾아 기록해 보자.

'승진해서 감사합니다. 합격해서 감사합니다. 가족들 모두 건강해서 감사합니다. 새 자동차를 가질 수 있어서 감사합니다. 새 핸드폰을 가져서 감사합니다. 남편이 일찍 들어와 감사합니다. 아내가 함께해서 감사합니다. 아이가 웃어서 감사합니다. 아이가 예쁘게 말하니 감사합니다. 신호등이 알맞은 시간에 바뀌어서 감사합니다. 겨울에 집이 따뜻해서 감사합니다. 수돗물이 잘 나와서 감사합니다. 친구가 있어 감사합니다. 가족이 있어 감사합니다. 커피 한 잔 마실 수 있어 감사합니다.'

찾아보면 감사할 일이 무궁무진하다. 평소에 무심코 지나치던 일상들도 자세히 들여다보면 감사할 일로 가득이다.

둘째는 불행처럼 보이지만 관점을 바꿔 보면 행복해지는 일에 대한 감사 일기이다.

'찢어진 우산이지만 비 맞지 않아서 감사합니다. 넘어졌는데 크게 다치지 않아서 감사합니다. 타려고 했던 버스를 놓쳤지만 지각하지 않아서 감사합니다. 남편이 늦게 들어왔지만 모처럼 나만의 시간을 가질 수 있어 감사합니다. 아내가 운전을 못 해 사고가 났지만 다치지 않아 감사합니다. 불합격 했지만 다른 기회가 있어서 감사합니다.'

화가 나거나 속상하던 일도 관점을 바꾸어 생각해 보면 의외로 감사할 일이 여기저기 숨어 있다. 마치 어린 시절 보물찾기를 하는 심정으로 이곳저곳, 이쪽저쪽 유심히 살펴보라. 곳곳에 숨겨져 있던 감사함이 활짝 드러날 것이다. 나는 예전에 아이들이 소리소리 지르며 반항하고 대들 때 참 힘들었다. 덩달아 화가 나서 나도 막 소리 지르고 싶은 심정이었다. 그런데 어느 순간 이런 생각이 들었다. '아! 내 아이가 엄마에게 대들고 소리 지르며 자신의 화를 표현할 수 있을 만큼 컸구나.' 이런 생각이 들자 더 이상 화나지 않고 대견하다는 생각이 들었다. 그리고 화조차 낼 수 없던 아이가 화를 낼 수 있을 만큼 자신을 주장하기 시작했다는 사실이 사랑스럽게 느껴졌다. 또 어떨 때는 조목조목 자신의 생각과 논리를 들이대며 따지는 아이를 상대하기 힘들고 버거웠다.

그래서 그만하라고 소리를 지르고 싶다가도 '아! 내 아이가 이제 엄마 앞에서도 자신의 의견을 분명히 말하고 표현할 수 있을 만큼 컸네. 걱정 안 해도 되겠구나. 어디 가도 자신의 의견을 잘 말할 수 있겠구나' 하는 생각이 들면 화가 사라졌다.

일상을 살면서 힘든 순간도 많지만 한 걸음 더 나아가 살펴보면 이처럼 감사할 일들이 많다. 그 감사한 것들을 하나하나 찾아서 일기에 적다 보면 부정적으로 흐르던 에너지가 긍정으로 돌아선다. 모든 흐름에는 방향성이 있고, 그 방향성을 전환하기 위해서는 일정량의 에너지를 일정 시간 공급해 주어야 한다. 감사 일기는 부정적 방향으로 가던 에너지의 흐름을 긍정적으로 바꾸는 역할을 한다.

셋째는 아직 이루어지지 않았지만 미리 쓰는 감사 일기이다. 자신을 불안하게 하는 어떤 일이 있다면, 이 방법을 적극적으로 실천해 보라. 처음에는 어색하고 마치 거짓말을 하는 듯 마음에 불편함이 올라올 수도 있다. 하지만 꾸준히 실천하다 보면 익숙해진다. 예를 들면 이런 것이다. 어려운 시험을 앞두고 있다. 내 시험일 수도 있고 남편이나 아이의 시험일 수도 있다. 오랜 기간 열심히 준비한 만큼 꼭 합격하길 바란다. 간절히 바라는 만큼 불합격에 대한 불안감도 커진다. 이럴 때, 더 이상 불안해하지 말고 구체적으로 이루어진 상태를 생각하면서 일기를 쓴다. 여기에서 중요한 것은 일기이므로 미래 시점이 아니라 현재 시점으로써 내려가야 한다는 사실이다.

'시험에 꼭 합격했으면 좋겠다. 합격하면 기념으로 여행을 떠날 것이다. 합격하길 간절히 소망한다.' 이처럼 미래에 일어나길 희망하는 내용이 아니라 아래와 같이 쓰는 것이다.

'와! 시험에 합격해서 너무너무 기쁘고 감사하다. 여기저기에서 축하 전화가 왔다. 지난 주말에는 부모님이랑 동생들까지 우리 집에 와서 함께 축하 파티를 했다. 동생이 축하 선물로 사 온 와인은 정말 맛있었다. 이제 내일 아침이면 우리 가족은 여행을 떠난다. 합격 선물로 준비한 여행이다. 모처럼의 가족 여행이라 너무 기쁘다. 들떠서 잠이 안 온다. 빨리 아침이 되었으면 좋겠다. 파란 바다가 나를 기다리고 있다. 이 모든 상황이 너무 감사하다.'

아직 이루어지지 않은 일에 대해 미리 쓰는 감사 일기는 당신의 불안을 잠재우고, 당신이 원하는 곳으로 당신을 더 빠르게 데려갈 것이다.

부정적인 사람과
거리 두기

사람은 긍정적인 시각을 가진 사람과 부정적인 시각을 가진 사람으로 나눌 수 있다. 긍정적인 시각을 가진 사람들은 누가 무엇을 새롭게 시작한다고 하면 이렇게 말한다.

"와! 축하해. 좋은 일이네. 잘될 거야."

부정적인 시각을 가진 사람들은 같은 상황에서 이렇게 말한다.

"그렇구나. 근데 누구 이야기 들어보니까 그게 이런저런 단점과 위험이 있다고 하더라. 그런 일이 일어나면 어떻게 하니? 잘 생각해 보고 해라. 조심하고."

누군가 아파서 병원에 가서 종합검진을 받아 봐야겠다고 말하면 긍정적인 사람은 이렇게 말한다.

"아팠구나. 고생했겠네. 하지만 괜찮을 거야. 너무 걱정하지 말고 검사 잘 받고 와. 그동안 너무 무리해서 그럴 거야. 좀 쉬면 좋아질 거니까, 마음 졸이지 말고 잘 다녀와."

부정적인 사람은 이렇게 말한다.

"아프구나. 어떡하니? 요즘 그 병으로 아픈 사람이 많다더라. 내가 아는 누구도 얼마 전에 병원 다녀왔는데, 증세가 심하다고 하더라. 그게 후유증도 많고, 잘 못 고치는 병이래. 어떡하니? 큰일 났다."

회사에 취업을 하려다가 잘 안 되거나 시험에 불합격했을 때, 긍정적인 사람은 이렇게 말한다.

"그동안 애썼는데 안타깝네. 그래도 힘내. 곧 좋은 소식 있을 거야. 전화위복이라는 말도 있잖아. 더 좋은 일이 기다리고 있을 거야. 너무 실망하지 말고 잠시 쉬었다가 다시 시작해 보자. 넌 분명히 잘될 거야. 난 널 믿어."

부정적인 사람은 이렇게 말한다.

"그것 봐. 그럴 줄 알았어. 그게 원래 그렇게 힘들다고 하잖아. 왜 하필이면 그런 걸 준비했니? 포기하고 다른 거 알아봐라. 하긴 요즘 뭐 그것뿐만 아니라 다 힘들다고 하긴 하더라. 어쩌면 좋니? 걱정이다."

물론 어느 정도의 염려와 걱정은 이해할 수 있다. 나에게 해당되지 않는다고 생각하면 가볍게 흘려버리면 된다. 또 평소 긍정적인 사람이 어쩌다 한 번 신중하게 생각해서 하는 말이라면 때에 따라서 새겨들을 수도 있다. 하지만 주변을 살펴보면 유난히 부정적인 시각이 습관이 되어 버린 사람들이 있다. 그들은 어떤 일에 대해 이야기를 해도 항상 같은 반응을 보인다. 전혀 부정적인 견해가 나올 거라고 예상치 못할 만한 일에 대해서도 부정적 관점을 찾아낸다. 한마디로 어떤 긍정적 상황에서도 부정적 관점을 찾아낼 수 있는 능력을 가진 사람들이다. 어떻게 그렇게까지 부정적 관점을 찾아낼 수 있는지 신기하다 못해 감탄스럽기까지 하다. 이런 사람들에게 어쩌다 안부를 물어보면 대답이 한결같다.

"요즘 어떻게 지내? 잘 지내고 있어?"

그야말로 잘 지내고 있는지 안부를 묻는 말이다. 이때 이들은 마치 기다렸다는 듯이 답을 한다.

"나 요즘 몸도 아프고 여러 가지로 힘들어. 그저께는 누구랑 이런 일이 있었고, 어제는 또 누구 때문에 이런 일이 있었잖아. 정말 힘들어 죽겠어. 글쎄 그 사람이 나한테 어떻게 그럴 수가 있지?"

여기에서 그 사람은 그때그때 변한다. 배우자일 수도 있고, 시부모일 수도 있고, 직장 상사나 동료일 수도 있다. 오래 알고 지내던 지인일 수도 있고, 친척일 수도 있고, 형제일 수도 있고, 자녀일 수도 있다. 이웃집 누군가일 수도 있고, 아이 선생님일 수도 있고, 아이 친구 엄마일 수도 있다. 어쨌든 그 대상이 바뀔 뿐 언제나 그들을 힘들게 하는 누군가가 항상 있다는 것이다. 마치 기다렸다는 듯이, 어디가 아프고, 어떻게 슬프고, 얼마나 힘들고 하면서 하소연을 시작한다. 중간에 말을 끊을 수 없어 들어주다 보면 금방 한 시간이 훌쩍 지난다. 가볍게 안부 인사를 건넸다가 감당하기 힘든 상황이 되고 만다.

물론 처음에는 그들의 말을 진지하게 들어준다. 힘들어 하는 그들의 상황에 공감도 해 주면서, 뭔가 도움을 주고 싶은 마음으로 진지하게 반응한다. 하지만 이러한 상황이 한두 번이 아니라 수년에서 수십 년 동안 되풀이되면 답이 없다. 그건 그냥 그들의 감정 습관이고, 생활 습관이다. 스스로의 의지로 변화하지 않는 한 누구도 그들을 변화시킬 수 없다. 결국 안부 전화조차 점점 횟수를 줄이게 된다. 저쪽에서 전화를 걸어와도 되도록 용건만 이야기하게 된다. 안부 역시 묻지 않으려고 의식적으로 노력한다. 왜냐하면 안부를 묻는 순간 똑같은 스토리가 반복될 것임을 알기 때문이다.

부정적인 사람은 부정적인 에너지를 발산한다

모든 생각과 말에는 에너지가 있다. 부정적인 생각과 말에서는 부정적인 에너지가 발산된다. 긍정적 생각과 말에서는 긍정적인 에너지가 발산된다. 그래서 우리는 부정적인 사람들보다 긍정적인 사람들과 함께 있을 때 더 즐겁다.

나는 어떤 종류의 사람인가? 혹시 나라는 사람이 부정적 성향의 사람이라면 스스로 알아채야 한다. 그런 다음 자신에게도 타인에게도 부정적 영향을 미치지 않도록 노력해야 한다. 그러려면 나 자신의 에너지를 부정에서 긍정으로 바꾸어야 한다. 나는 긍정적인 사람이지만 내 주변의 누군가가 부정적인 사람이라면 되도록 거리를 두는 게 좋다. 어쩔 수 없이 만나야 할 경우라면 최대한 그가 내뿜는 부정적 에너지에 영향 받지 않도록 자신을 다스려라.

가장 힘든 대상은 가족이다. 업무상 만나는 사람이 부정적일 경우에는 되도록 안 만나면 된다. 꼭 만나야 할 상황이라면 영향 받지 않도록 일정한 심리적 간격을 유지하면 된다. 지인이나 친구일 경우도 만나는 횟수를 줄이면 된다. 그런데 가족은 힘들다. 부모 형제를 안 만나고 살 수는 없다. 게다가 부모일 경우는 더 어렵고 난감하다. 왜냐하면 엄청난 부정적 에너지를 내뿜는 걱정과 염려를 사랑이라고 주장하기 때문이다.

"내가 너를 사랑해서 걱정하고 염려하는데, 너는 왜 내 마음을 몰라 주냐?"라는 논리로 서운함과 노여움을 내비친다. 그저 자식을 염려하는 단순한 걱정이라면 적당히 새겨듣고 흘려버리면 된다. 하지만 일부의 부모는 단순한 걱정을 넘어 자신의 생각과 의견대로 자녀를 통제하고자 한다. 때로는 자식이 부모의 의견대로 잘 실천하고 있는지 확인까지 한다. 여기에서 부모의 마음을 헤아리고 순종하는 게 자식의 당연한 도리라는 윤리가 발목을 잡는다. 더 나아가 자식 된 도리를 다하지 않는다는 심리적 죄책감을 은근히 조장한다.

하지만 아무리 사랑이라는 말로 보기 좋게 포장해도 걱정과 염려는 참다운 사랑이 아니다. 걱정과 염려에서 나오는 에너지는 순수한 사랑에서 나오는 에너지와 다르다. 모든 감정은 나름의 에너지 파장을 가지고 있다. 우리의 눈에 그 파장이 보이지 않을지라도 그 파장은 우리에게 전달되어 영향을 미친다. 일단 걱정과 염려라는 감정에는 불안감이 내포되어 있다. 그리고 그 불안감은 '믿지 못함'에서 연유한다. 자녀를 믿지 못하든, 인생의 불예측성을 믿지 못하든, 변화하는 사회를 믿지 못하든, 불신으로 인해 불안감이 싹튼다.

결국 삶 자체를 믿지 못하는 것이다. 자신의 삶을 믿지 못하고, 자녀의 삶도 믿을 수 없다. 나도 행복하고 싶고, 자녀도 행복하길 바라는데 저 길에 행복이 있을 것 같지 않다. 왠지 저 길 위에 불행이 있을 것 같다. 하지만 그조차도 확실한 건 아니다. 그러니 이것도 불안하고, 저것도 불안하다. 이것을 한다고 해도 걱정이 되고, 저것을 한다고 해도 걱정이 된다. 그러한 불안감이 걱정과 염려로 표현된다. 하지만 착각하지 마라. 결코 걱정과 염려는 사랑일 수 없다. 걱정과 염려의 에너지를 보낸다는 건, 불안함과 믿지 못함의 에너지를 보내는 것과 같다. '아이들은 믿는 만큼 자란다'는 말이 있다. 이 말은 진리이다. 바꾸어 말하면 '믿지 못하면, 그대로 될 거예요'라는 뜻이다.

자신의 삶에 대한 끊임없는 불만과 하소연도 마찬가지다. 왜 그 사람에게만 늘 그렇게 힘들고 화나는 일이 일어나겠는가? 본인의 감정 습관 때문이다. 감정 습관은 스스로가 알아채고, 변화하려고 노력하지 않는 한 달라지지 않는다. 왜냐하면 우리는 누구도 타인을 변화시킬 수 없기 때문이다. 우리가 변화시킬 수 있는 건 오직 자신뿐이다.

계속해서 당신에게 부정적 에너지를 보내는 사람이 있다면 과감히 결별하라. 결별할 수 없는 사람이라면 심리적 거리를 둬라.

내 감정의
주인으로 거듭나기

우리가 살고 있는 지구는 상대적 세계이다. 빛과 어둠, 기쁨과 슬픔, 사랑과 미움, 즐거움과 괴로움이 공존한다. 기쁨과 슬픔은 별개가 아니다. 떨어져 있지 않다. 아니 하나이다. 놀이터에 있는 시소를 떠올려보라. 두 개의 시소가 아니다. 한 개의 시소에서 서로 반대편이 올라갔다 내려갔다 하는 것이다. 한쪽이 올라가는 만큼 다른 한쪽이 내려간다. 한쪽이 내려가는 만큼 또 다른 한쪽이 올라간다.

빛과 어둠 또한 별개가 아니다. 빛과 어둠이 하나의 스펙트럼에서 움직이고 있는 것이다. 빛이 올라가는 만큼 어둠이 내려오고, 어둠이 올라가는 만큼 빛이 내려온다. 여기에서 좀 더 깊게 들여다보면 사실 어둠은 존재하지 않는다. 이해하기 힘들 것이다. 우리는 상대적 세계에 너무 익숙해져 있기 때문에 빛과 어둠 둘 다 존재한다고 생각한다. 하지만 어둠은 존재하지 않는다. 빛이 사라진 순간을 우리는 '어둡다'라고 표현한다. '어둠'이 존재하는 것이 아니라 빛이 존재하지 않을 때를 '어둠'이라고 일컫는 것이다.

기쁨과 슬픔 역시 하나의 스펙트럼 위에 있다. 기쁨이 가득 차오르면 슬픔은 사라진다. 슬픔이 차오르면 기쁨은 사라진다. 행복과 불행도 그러하다. 행복이 가득할 때 불행은 보이지 않는다. 불행이 가득할 때 행복은 보이지 않는다.

흔히 감정 조절에 대한 이야기를 하면 '화를 내지 않는 것'이라고 생각한다. 왜냐하면 일반적으로 화는 나쁜 것이라고 여기기 때문이다. 흔히 분노란 피해야 할 감정이고 나쁜 것이라고 생각한다. 하지만 분노라는 감정은 좋은 것도 나쁜 것도 아니다. 단지 우리가 잘 다루어야 할 감정이다.

불은 인류 역사상 가장 위대한 발견이다. 하지만 불은 굉장히 위험한 것이기도 하다. 그렇다면 '불은 좋은 것이다', '나쁜 것이다'라고 한마디로 규정할 수 있을까. 불은 인류의 생활에 꼭 필요하지만 어떻게 다루느냐에 따라 축복일 수도 있고, 재앙일 수도 있다. 불 자체의 가치는 중립적이다. 그것에 가치를 부여하는 건 인간일 뿐이다. 분노 또한 마찬가지다. 가치중립적이다. 분노라는 감정을 어떻게 사용하고 다룰지는 오로지 인간의 몫이다. 불이 인간의 생존에 지대한 영향을 미치며 함께하듯이, 분노 역시 인간의 생존과 밀접한 관계를 맺고 있다. 분노라는 감정이 없었다면 인간은 스스로를 지키지 못했을 것이다. 때에 따라서 분노해야 할 때 분노하지 못함은 비겁함일 수도 있고, 용기 없음일 수도 있다. 분노해야 할 때, 분노하지 못한다면 인간은 자신을 지키기 어렵다.

감정은 대개 사람과 사람 사이의 관계 속에서 발생한다. 직장생활을 하는 많은 사람들이 업무 자체보다 인간관계에서 오는 어려움을 호소한다. 업무에서 보여주는 성과도 중요하지만, 인간관계가 원활하지 못하면 성공적인 직장생활을 하기 어렵다. 개인 사업을 하는 사람에게도 인간관계는 곧바로 일의 성과와 연결된다.

집에서 육아와 살림을 전담하는 전업주부 역시 인간관계는 아주 중요하게 작용한다. 인간은 모두 관계 속에서 살아가고, 그렇기 때문에 좋은 인간관계를 유지하기 위해 노력하며 산다. 그럼에도 마음대로 되지 않는다. 관계 속에서 감정의 부딪침이 일어나기 때문이다. 이때 감정의 스위치에 주도권을 가져라. 무조

건 부정적 감정을 표현하지 말라는 말이 아니다. 감정에 휘둘리지 말고 감정의 주인이 되라는 뜻이다.

감정의 스위치에 주도권을 가져라

좋은 인간관계를 유지하고 싶다는 간절한 바람에도 불구하고, 왜 감정의 부딪침이 일어나는 걸까? 서로가 추구하는 가치가 다르기 때문이다. 인생에서 중요하게 생각하는 가치의 우선순위가 다르기 때문에 갈등이 발생한다. 내가 인생에서 가장 중요하게 생각하는 가치는 '자유'이다. 그렇기 때문에 최대한 상대방의 자유를 존중해 주려고 노력한다. 그런데, 이것이 때로는 상대에게 무심함으로 비춰질 수 있고 섭섭함을 유발하기도 한다. 반대로 누가 나에게 지나친 간섭을 할 때, 나는 소중하게 여기는 자유가 침범당하기 때문에 화가 난다. 하지만 상대는 그것이 관심과 배려라고 주장한다. 여기에서 갈등이 발생한다.

서로 다른 가치관을 조금씩 이해하고 감정을 조율해 갈 수 있다면 좋은 관계를 유지할 수 있겠지만 어디 말처럼 쉬운가. 인간은 모두 변하기 힘든 자신만의 색깔을 가지고 있다. 인간은 나

아닌 다른 사람으로 살아갈 수 없다. 누구나 자신답게 살기를 원하고, 자신답게 살아간다. 자신이 가진 고유의 성품대로 생각하고, 말하고, 행동하는 것이다. 상대에게 상처를 주려는 의도도 없고, 상대를 화나게 하려는 의도도 없다. 그럼에도 불구하고 누군가는 상처받고 누군가는 노여워한다. 결국 상대의 생각과 말과 행동에 영향을 받는 것은 나 자신이다.

하지만 이제 우리는 우리의 인생에 책임을 져야 할 성인이다. 인생을 책임진다는 것은 자신의 생각, 감정, 언어, 행동 모두에 대한 책임을 포함한다. 상대의 행동에 내가 어떤 감정을 느끼고 어떻게 반응할지는 오로지 나의 선택이다. 자신만의 기준을 정하고, 자신의 선택에 따라 행동하면 된다. 그런 후 그 선택과 행동에 대한 책임을 지면 된다. 그런데 사람들은 자신의 선택과 행동에 대한 책임을 지기 싫어한다. 결국 책임에 대한 회피와 두려움 때문에 이것도 저것도 선택하지 못하고 힘들어 한다.

이런 질문을 하는 사람들이 아주 많다.

"선생님, 그 사람들이 저한테 이런 행동을 할 때, 정말 화가 나요. 어떻게 그럴 수가 있죠? 정말 제가 잘못한 건 없는데요."

"정말 잘못한 게 없고 부당하게 느껴진다면, 제대로 이야기하고 화를 표현하세요."

"그럼 그 사람들이 저를 싫어하면 어떡하죠? 저를 욕하면 어떡해요?"

"그건 그 사람들 마음이죠. 싫어할 수도 있고 욕할 수도 있죠. 결국 지금 화를 제대로 표현하지 못하는 건, 그 사람들에게 욕 먹기 싫고 좋은 사람이고 싶어서네요."

"그렇기는 하지만 좋은 사람으로 여겨지고 싶은 건 당연한 거 아닌가요?"

"당연하죠. 누구나 자신이 다른 사람에게 좋은 사람으로 여겨지길 바라죠. 나의 화도 제대로 표현하고, 상대에게 나의 좋은 이미지도 유지할 수 있으면 정말 좋겠죠. 그런데 그런 방법이 있을까요?"

"없는 것 같아요."

"그럼 선택해야죠. 계속 참으면서 그냥 좋은 사람으로 남을 것인가? 아니면 더 이상은 참고 싶지 않으니, 좋은 사람이 되는 것을 포기하고 내 생각을 표현할 것인가? 어떻게 하고 싶으세요?"

"잘 모르겠어요."

이 지점에서 많은 사람들이 항상 막히고 갈등한다. 그 막힘과 갈등이 길어질수록 감정도 힘들어지고 몸도 힘들어진다. 우리의 인생은 선택의 연속이다. 그리고 모든 선택에는 반드시 책임이 따른다.

내가 '좋은 사람'으로 남길 원해서 '참음'을 선택했다면 더 이상 갈등을 되풀이해서는 안 된다. 그들의 행동을 이해하고 수용한다. 이때 한 가지 분명히 해야 할 것이 있다. '그들을 위해서' 참은 것이 아니라는 점을 분명히 인식해야 한다. 나는 '나를 위해서' 참은 것이다. 내가 좋은 사람의 이미지로 그들에게 남고 싶어서 참은 것이다. 그러니 그들을 위해 참았다고 착각하지 마라.

내가 만일 제대로 나의 생각과 화를 표현하는 길을 선택했다면, 그들의 반응을 받아들여야 한다. 나를 이해해 주는 사람도 있을 수 있고, 나를 싫어하거나 욕하는 사람도 있을 수 있다. 그것까지 받아들일 마음을 먹어야 한다. 그것이 나의 선택에 대해 책임을 지는 것이다. 나의 화를 제대로 표현하고 싶은데, 상대의 반응도 내가 원하는 대로 조정하고 싶은 건 욕심이다. 내가 나의 감정과 행동을 선택할 권리가 있듯이, 그들도 그들의 감정과 행동을 선택할 권리가 있다.

우리가 살고 있는 지구라는 상대적 세계의 특수성은 비교를 통한 존재 확인이다. 슬픔이라는 감정이 없다면 기쁨을 제대로 인식할 수 없다. 미움이 없다면 사랑을 제대로 인식할 수 없고, 괴로움이 없다면 즐거움을 제대로 인식할 수 없다. 불행이 없다면 행복을 알기 어렵고, 어둠이 없다면 빛을 알기 어렵다. 부정적 감정이라고 일컫는 많은 감정들이 있기 때문에 긍정적 감정들을 제대로 인식할 수 있는 것이다. 그러므로 그 어느 것도 쓸데없는 감정은 없다.

　다만 자신을 힘들게 하는 감정에 너무 오래 사로잡혀 있으면 불행해진다. 콜라 속에 치아를 담아 놓은 실험에 대해 들어 본 적이 있을 것이다. 오랜 시간 콜라 속에 치아를 담가 두면, 치아가 완전히 부식된다. 그만큼 콜라의 성분은 자극적이다. 우리가 슬픔이나 분노라는 감정 속에 자신을 오래 담가 두면 이와 같은 일이 발생한다. 우리의 육체가 부정적이고 힘든 감정 속에 너무 오래 잠겨 있으면, 육체는 망가진다. 육체의 망가짐은 여러 가지 질환이나 병으로 나타난다. 자신을 소중하게 다루자. 자신을 너무 오랫동안 자극적인 감정 속에 가둬 두지 말자.

　그러려면 내 감정의 스위치에 주도권을 가져야 한다. 감정이 당신을 잠식하게 하지 마라. 당신이 감정의 스위치를 마음대로 조종할 수 있는 주도권을 가져라. 방 안이 어둠으로 가득 차 있을 때, 우리는 어떻게 하는가? 문을 열어 햇빛이 들어오게 하거나, 불을 밝힌다. 마찬가지로 내면이 슬픔으로 가득 차 있을 때, 당신의 의지로 기쁨을 가져와야 한다. 불행한 느낌이 자신을 가득 채울 때, 당신의 의지로 행복한 느낌을 끌고 와야 한다. 이것이 감정의 스위치에 주도권을 가지고 살아가는 방법이다.

아침마다
오늘 내 감정 정하기

매일 아침 우리는 잠에서 깨어 습관처럼 하루를 시작한다. 잠에 취해 가까스로 알람을 끄고 10분만 더, 5분만 더 하면서 마지못해 잠자리에서 빠져나온다. 그리고 어제와 같은 오늘, 오늘과 같은 내일을 산다.

이런 생각을 해 본 적이 있는가? 매일 아침 신선한 우유가 배달되듯이, 신선한 아침이 배달되고 있다는 것을 알아차린 적이 있는가? 우리는 습관적으로 어제의 오늘과, 오늘의 오늘이 같다고 생각한다. 하지만 매일 아침 새롭게 배달되는 우유처럼, 매일 아침 새로운 하루가 배달되고 있다. 어제 배달된 우유를 다 먹어

버렸듯이, 어제 배달된 하루를 우리는 다 써 버렸다. 그리고 오늘은 신선한 아침이 지금 막 새롭게 배달되었다. 경이롭지 않은가? 그 경이로움을 가슴 깊이 음미해 보라.

그런데도 많은 사람들이 어제의 고통을 오늘로 가져온다. 마치 유효기간이 지나 썩어 버린 우유를 맛보듯이, 어제의 고통스런 감정을 오늘로 가져와 다시 맛본다. 오늘 새벽 새롭게 배달된 하루는 어제의 하루가 아니다. 신선한 새 우유에 상한 우유를 섞지 않듯이, 신선한 오늘에 어제 남겨진 감정의 찌꺼기를 섞지 말라.

우리는 매일 새롭게 하루를 시작할 권리가 있다. 잠자리에서 빠져나와 신선한 우유 한 잔으로 하루를 시작하듯, 새로운 감정으로 하루를 시작할 수 있다. 잠에서 깨어나 하루를 시작하기 전에, 오늘 하루를 어떤 감정으로 살지 결정하라. 아침에 잠에서 깨어 침대에서 빠져나오기 전에 오늘의 감정 메뉴를 선택하라. 가만히 누워서 여러 가지 감정 단어들을 떠올려 본다. 기쁨, 행복, 즐거움, 열정, 도전, 감사, 용서, 배려, 공감, 사랑, 웃음, 긍정, 화해, 자유……. 많은 감정 단어들이 있다. 오늘의 식사 메뉴를 고르듯이, 그중 한두 개를 고른다.

그런 다음 마음속으로 두세 번 반복해 본다. 물론 소리 내어 반복해도 좋다. 나의 심장이 그 단어의 파동을 느낄 수 있도록 가슴에 들려준다는 느낌으로 살며시 되뇌어도 좋다. 오늘 하루 동안 나는 이 감정에 집중하여 살 것이다. 일상에 몰두하다 보면 순간순간 잊어버릴 것이다. 괜찮다. 다시 기억하고 느끼면 된다. 익숙하지 않아서 처음에는 자꾸 잊어버리겠지만 연습하면 생활의 일부분처럼 습관이 될 것이다.

나를 행복하게 해 주는 어떤 감정이라도 좋다. 반드시 행복하게 해 주는 감정이 아니더라도 괜찮다. 더 용기 있게 활기차게 살 수 있도록 힘을 주는 단어도 좋다. 그 단어를 가슴에 새기고 기억하며 살아가겠다는 다짐을 하라. 그 단어가 오늘 하루 동안 나를 이끌어 줄 핵심단어가 되게 하라. 하루 이틀 반복하다 보면 당신의 감정 습관은 아주 많이 달라져 있을 것이다. 백일쯤 지나서 되짚어 보면 백일 전의 당신과 백일 후의 당신은 완전히 다른 사람이 되어 있을 것이다. 아주 짧은 시간이면 된다. 아침마다 3분이면 충분하다.

오늘 하루를 돌아보면 어떤 감정이 떠오르는가

밤이 되어 잠자리에 들 때, 오늘 하루 자신을 지배한 감정이 무엇이었는지 살펴보라. 오늘 아침 내가 선택한 감정을 잘 느끼며 살았는지 점검해 보라. 내가 선택한 감정과 오늘 하루 동안 나를 지배한 감정과의 차이를 짚어 보라. 간격이 커도 괜찮다. 차츰차츰 좁혀질 것이다. 누구나 한 번에 성공하기는 힘들다. 매일매일의 반복이 쌓여 완성에 다가갈 것이다. 또 오늘 하루 있었던 일을 떠올려보면서 부정적 감정이 떠오르면 가볍게 흘려보내자. 화나는 순간이 있었을 수도 있다. 짜증나는 일이 있었을 수도 있다. 용서하기 싫은 일이 있었을 수도 있다. 그때마다 내가 원하지 않는 감정이 아니라, 내가 원하는 감정을 살며시 소리 내어 말해보자.

예를 들어 오늘 하루를 떠올리면서 '분노'라는 감정이 나올 때 마음속으로 '사랑', 혹은 '감사', '평화'와 같은 단어들을 떠올린다. 그다음 조용히 그 단어를 말하면서 '분노'라는 감정을 떠나보낸다. 좀 더 시각화된 이미지를 사용해도 좋다. 내 심장에서 '분노'라는 단어를 꺼내서 시냇물이나 바다에 흘려보내는 상상을 한다. 그리고 '평화'라는 단어를 내 심장에 들려주면서 가슴에 넣는 상상을 한다. 바다에 흘려보내는 대신 하늘로 날려 보내는 상상을 해도 좋다. 그저 자신이 상상하기 쉽고 편한 방법을 사용하면 된다.

'짜증' 났던 일이 생각난다면 이런 상상을 해도 된다. '짜증'이라는 단어를 종이에 써서 불로 태운다. 회색으로 변한 재가 바람에 날려 사라져 버린다. 이제 '짜증'이라는 단어 대신 '기쁨'이라는 단어를 새 종이에 써서 당신의 가슴에 보관하는 상상을 해 본다.

'우울'했던 일이 생각난다. 우울의 색깔을 떠올려본다. 회색이나 검정색 같은 무채색이 상상된다. 마음속에서 색깔을 바꾸어 보자. 스케치북에 그리는 상상을 해도 된다. 회색빛 우울을 찢어서 쓰레기통에 던져 버리고, 내 마음에 드는 색깔을 고른다. 밝은 노랑도 좋고, 사랑스런 분홍도 좋고, 시원한 파랑도 좋고, 산뜻한 연두도 좋다. 당신의 마음을 환하고 산뜻하게 해 줄 색깔을 골라 '행복'의 하트를 그려보자. '활기', '열정', '도전' 등 이런 단어들도 좋다.

여러 가지 방법이 있다. 자신에게 맞는 자신만의 이미지화 방법을 찾아보는 것도 재미있는 일이다. 이 역시 많은 시간을 필요로 하지 않는다. 5분 정도면 충분하다. 익숙해지면 반드시 잠자리에 들기 전만이 아니라, 하루 중 어느 때라도 시도할 수 있다. 화가 올라오고 짜증이 올라오는 그 순간에 바로 사용할 수도 있다. 부정적 감정이 올라오는 어느 순간이라도, 그 감정들을 가볍게 흘려버릴 수 있다.

이 모든 시간들을 다 합쳐도 하루 10분이면 충분하다. 생활하면서 중간 중간 잊어 버린 단어를 다시 떠올릴 수 있다면 더 좋다. 많은 시간이 필요한 게 아니라 '깨어 있음'이 필요하다. 우리가 의식적으로 깨어 있을 때 많은 무의식이 사라질 것이다. 무의식이 사라진 만큼 그 자리를 의식이 채울 것이다. 의식이 채워진 만큼 내면의 어둠이 사라지고 빛이 밝아질 것이다.

그런데 가끔은 쉽게 사라지지 않는 감정들도 있다. 그럴 때는 그 감정을 반드시 떠나보내야 한다는 강박관념을 가지지 마라. 그 강박이 감정에 대한 억압으로 나타날 것이다. 모든 감정은 풀어 주어야 한다. 억압되고 강제되면 문제가 생긴다. 어떤 상황과 감정이 도저히 사라지지 않고 자신을 괴롭힌다면, 너무 억누르려고 애쓰지 마라. 그저 고요히 그 감정을 인정하고 지켜본다.

'아, 내가 누구를 아주 많이 미워하고 있구나.'

'나는 누구를 엄청 싫어하는구나.'

'내가 지금 많이 우울하구나.'

'아주 많이 슬프네.'

'누구한테 화가 많이 났구나.'

감정을 억압하지 않고 인정하며 조용히 지켜보면 그 감정의 에너지가 서서히 풀려나갈 것이다. 너무 강한 감정을 억지로 누르려고 하면 더 큰 반발이 일어나 자신을 고통스럽게 한다. 오히려 미워하고 싶은 만큼 충분히 미워하고, 충분히 싫어하라. 충분히 우울해 보라. 충분히 슬퍼하고, 충분히 화를 느껴보라. 어느 순간 그 감정들이 조금씩 엷어질 것이다.

그런 다음 자신이 원하는 단어를 하나 골라 오늘의 화두로 삼고 살아보라. 하루의 삶이 평소와 다르게 느껴질 것이다. 하루를 살면서 순간순간 그 단어를 기억하고 그 단어가 나와 하나가 되게끔 마음을 가다듬어라. 물론 바쁘게 생활하다 보면 어느 순간 또 잊어버릴 것이다. 괜찮다. 생각이 날 때 다시 한 번 더 기억하면 된다. 그렇게 하루를 살아보고 잠자리에 들기 전 오늘 내가 선택한 핵심 단어대로 잘 살았는지 체크해 보라. 마음에 드는 부분도 있을 것이고 아쉬울 부분도 있을 것이다. 괜찮다. 당신은 잘 해나가고 있는 것이다.

감정을 흘려보낸다는 것은 나에게 일어나는 모든 부정적 감정들을 억압하고 거부하는 것이 아니다. 너무 무겁지 않게 가벼운 마음으로 그 감정들을 지켜보면서 함께 흘러가는 것이다. 때론 보듬어 주고, 때론 어루만져 주면서 '괜찮아'라는 마음으로 인정해 주는 것이다. 강제로 부정적 감정들을 억압하거나 거부하려고 애쓰지 마라. 그리하면 그 감정들은 더 큰 반발로 당신을 고통스럽게 할 것이다. 조용히 지켜보고 인정하라. 가볍고 부드러운 마음으로 함께 흘러가라. 그러다 보면 어느 순간 그 감정들을 흘려보낼 적절한 타이밍이 도래할 것이다.

용서,
가장 무거운 돌 내려놓기

　　살다 보면 가슴속에서 도저히 용서가 안 되는 한 사람이 있을 수 있다. 그리고 그 사람은 대개 자신의 인생에서 가까운 사람일 가능성이 높다. 물론 갑작스런 사건이나 폭력 같은 일회성 사고일 경우 전혀 모르는 사람일 수도 있지만 누군가를 도저히 용서할 수 없는 감정은 지속적인 경험에서 비롯되기 때문에 가까운 사이일 경우가 많다. 용서할 수 없다는 감정은 내가 싫어하는 뭔가를 계속해서 강요받았을 때 생긴다. 나는 어떤 일이 정말 하기 싫다. 내가 원하는 것이 아니다. 그런데 자꾸만 강요한다. 거부하고 싶지만 할 수 없다. 나에게는 거부할 수 있는 힘이 없기 때문이다.

그 힘은 신체적 혹은 경제적인 것일 수도 있다. 또 직장 상사와 부하 직원, 혹은 교사와 학생, 부모와 자녀처럼 관계 속의 힘일 수도 있다. 또 나이에서 오는 상하관계의 힘일 수도 있다. 동급의 동료나 친구일지라도 심리적으로 더 우위에 있는 힘일 수도 있다.

여하튼 모든 인간관계 속에는 의도하지 않아도 힘의 강약이 존재한다. 그 힘의 역학 속에서 약한 자는 강한 자에게 자신의 의견을 마음껏 피력하기 어렵다. 그러면서 하기 싫은 일을 지속적으로 강요당한다. 이러한 상황이 반복되면 당하는 자는 자신을 억압하거나 함부로 하는 자를 떠나고 싶어 한다. 떠나고 싶을 때 떠날 수 있으면 괜찮다. 시간이 지나면 어느 정도 잊힐 것이다. 하지만 아무리 떠나고 싶어도 떠날 수 없는 관계가 있다. 이럴 때, 절대로 용서할 수 없을 것 같은 마음이 쌓인다.

가장 빈번한 사례가 성폭력에 관한 것이다. 평생을 안고 가야 할 상처를 준 사람을 어찌 용서할 수 있을 것인가? 그 외에도 용서하기 힘든 신체적인 폭력이 있다. 언어 폭력과 정서 폭력도 있다. 그런데 언어 폭력이나 정서 폭력의 경우 준 사람은 그것을 폭력이라고 생각하지 않는 경우가 많다. 하지만 이러한 폭력 역시 당하는 자에게는 씻을 수 없는 상처이고 폭력이다. 참으로 용서하기 힘든 일이다.

학교에서 빈번하게 일어나는 학교 폭력이나 왕따, 은근한 따돌림 역시 간과할 수 없다. 정서적 학대도 신체적 학대와 다를 바 없다. 때로는 그 과정을 견디지 못하고 죽음을 선택하는 아이들도 있다. 살아남은 부모가 어떻게 그들을 용서할 수 있을 것인가? 이러한 일들을 겪은 사람들에게 그 대상을 용서하라고 말하는 것은 무척이나 어려운 일이다. 불가능한 일을 가능하게 하라는 말만큼이나 비현실적으로 들린다.

그럼에도 불구하고 용서하기 위해 노력해야 한다. 자기 자신을 위해서. 내가 행복해야 내 가족이 행복할 수 있다. 내가 행복해야 내 부모, 내 남편, 내 아내, 내 아이가 행복할 수 있다. 그 고통을 계속 안고 살아가기에는 삶이 너무나 힘겹지 아니한가. 그래도 남은 날들은 웃으며 살아야 하지 않겠는가. 웃음까지는 아니더라도 힘들고 지친 내 가슴에 평화를 줘야 하지 않겠는가. 내 가슴에 평화가 내려앉게 하라. 그렇게 내려앉은 평화 속에서 많은 시간이 흐른 어느 날 웃음 한 자락 피어날 수 있으리라.

누구도 아닌 자신을 위해 용서하라

극단적인 사건이나 사고에만 용서하기 힘든 사람이 존재하는 것은 아니다. 매일 반복되는 일상 속에서도 용서하기 힘든 한 사람이 있을 수 있다. 그런데 일상 속에서 일어나는 일들은 훨씬 더 미묘해서 파악하기 어렵다. 일단 자신이 원하지 않는 일을 계속해야 할 때, 그렇게 만드는 누군가를 용서하기 힘들다는 사실은 같다. 그런데 그 일이 직접적인 학대나 폭력이 아니라 '사랑과 관심'이라는 말로 포장될 때가 있다.

이런 예로 가장 자주 일어나는 일이 아이가 가고자 하는 길과 부모가 원하는 길이 다를 때이다. 아이는 음악을 전공하고 싶어 한다. 하지만 부모는 아이에게 의사가 되라고 한다. 아이는 연극을 하고 싶어 한다. 그런데 부모는 아이에게 법조인이 되라고 한다. 아이가 조심스레 자신의 의사를 밝혀 보지만 부모의 꿈 앞에서 아이의 꿈은 휴지 조각처럼 버려진다.

그런데도 부모는 '너를 사랑하기 때문에, 너를 위해서'라고 말한다. 아이는 이것을 거부할 만큼 강하지 못하다. 부모와 다른 의견을 주장할 때 일어나는 심리적 갈등 상황을 감당할 힘이 약하다. 또 부모의 말을 거부했을 때 따라올 '말 안 듣는 아이', '고집 센 아이' 등의 꼬리표도 감당하기 버겁다. 이럴 때 어쩔 수 없이 자신의 꿈을 접고 부모의 꿈을 성취한 아이의 내면에는 부모에 대한 분노와 원망이 쌓여 간다. 그 분노와 원망을 맘껏 풀어놓을 수 없다는 점이 더욱 아이를 힘들게 한다.

또 자녀의 결혼에 대해서도 부모들은 자주 이런 입장을 취한다. '너를 위해서'라는 말에 떠밀려 원하지 않는 사람과 결혼하고, 행복하지 않은 결혼 생활을 유지한다. 가슴속에 표현할 수 없는 분노와 원망이 쌓여 간다. 이것보다 더 사소한 예도 무수히 많다. 그 사소한 일들이 매일 반복되는 일상 속에서 자꾸만 쌓여 간다. 하나하나로 보면 너무 사소한 일이라, 그 순간에는 제대로 문제의 심각성을 인지하지 못한다. 하지만 시간이 흐르고 걷잡을 수 없이 큰 문제로 이어진다. 사소한 감정의 잔물결이 모여 큰 파도가 되는 것이다.

인간은 누구나 자유롭고 싶어 하고 존중받고 싶어 한다. 그런데 자신의 생각과 감정, 의견을 존중받지 못하고, 자유로움을 지속적으로 침범당하고 통제 당한다. 이럴 때 그 대상을 용서하기는 참 어렵다. 분노와 함께 원망이 생긴다. 특히 어린 시절에 마음속에 뿌리내린 원망과 분노는 잘 사그라들지 않고 때마다 고개를 든다. 그렇게 해결되지 못한 감정들이 어른이 된 지금까지 마음속에서 스스로를 괴롭히는 것이다.

당신이 어린아이를 키우는 부모라면 지금 이 순간 아이에게 더 많은 이해와 사랑, 믿음과 자유를 주어라. 당신의 이해와 사랑 안에서 당신의 아이는 치유 받고 회복될 것이다. 당신의 믿음과 자유 안에서 당신의 아이는 멈춤 없이 앞을 향해 성장해 갈 것이다. 어린 시절 자전거 타기도 익숙해지려면 연습이 필요하다. 한 번도 안 넘어지고 익숙해지는 아이가 어디에 있겠는가? 넘어진 그 순간이 다시 시작할 때이다. 아이는 넘어지고 다시 일어서면서 몸의 균형을 잡는 법을 익혀 나갈 것이다. 그 과정을 통하여 세상 속으로 당당하게 나아갈 용기와 삶에 대한 신뢰를 가지게 될 것이다.

마찬가지로 성인이 된 우리 역시 마음의 넘어짐과 일어섬을 반복하면서 균형을 잡아나가는 법을 익히고 있다. 마음의 균형을 잡고 속도감을 내어 거침없이 나아가는 데는 일정량의 연습이 필요하다. 우리 삶에서 겪는 모든 경험들이 마음을 성장시키는 도구라고 생각하면 마음의 균형을 잡는 일이 수월해진다.

당신이 보낸 어린 시절이 충분히 이해받지 못했다고 느껴진다면, 그 모두에 대한 원망과 분노를 내려놓아라. 원망과 분노는 자신을 망치고, 더 작아지게 할 뿐이다. 결핍된 성장 과정에서 무엇을 배우고 어떻게 성장해 나갈지는 오로지 자신의 몫이다. 당신이 경험해 온 모든 일들이 당신을 성장시키는 밑거름이 되게 하라. 지금 이 순간 자신에게 또 타인에게 더 많은 이해와 사랑을 보내라. 그리고 용서하라. 마지막 한 사람을 용서할 때, 우리는 진정 자유로워진다.